理財與生活

張　麗　娟 編著

國立虎尾科技大學進修學院校務主任
國立虎尾科技大學財務金融系副教授
國立台北大學企業管理研究所商學博士

五南圖書出版公司 印行

魏　序

　　近年來，我國消費金融的業務逐年成長，個人理財更趨多元化，現今銀行運用資訊科技積極拓展電子金融業務，以滿足網路電子商務的發展與需求。理財就是為了理生活，如果我們有了正確的理財觀念與態度，善用周遭的生活資訊，將使您成為理財規劃的高手。俗話說：「讓好習慣變為自己的貴人」，從經驗中學習理財，善用理財的知識與操作技巧付諸行動，重要的是要讓自己由理財的知識中創造價值。

　　本書由淺入深，廣泛地探討及介紹各種理財的觀念與技術，從第一份工作開始作開源的準備，以穩紮穩打的態度，善用時間規劃及瞭解各項節流的技巧，並能善用銀行與網路的資源，本書也涵括各種傳統與現代的理財技巧與工具，就理論與實務而言可稱妥適。

　　本書作者張麗娟小姐是我在中興大學企研所博士班任教「策略行銷」的研究生，麗娟在銀行服務十八年，對於銀行的經營策略及作業流程知之甚詳，也曾在大學院校教授「財務管理」及「公司理財」等投資理財課程。今以其多年的實務及教學經驗，寫就內容詳實的理財

入門，對於未曾學習過財務管理的人員提供了一項入門的引導與參
考。余感其熱誠與努力，特為之序，以饗讀者。

土地銀行董事長　魏啟林

魏啟林

2002 年 6 月

誌　謝

　　本書得以順利出版，要特別感謝許多人的鼓勵與支技，並且給予莫大的幫助。本人有感於時下之理財趨勢，有不少人對於理財的觀念與技術，總覺得太過於繁瑣，因此如何提供大眾一本讓讀者可以簡明易讀，可以輕鬆看得下去的理財書是個人夢想。雲科大吳進安博士，他幫助我重整架構、整理資料，使其內容更容易被讀者使用。在概念的架構上要感謝五南圖書出版股份有限公司的張毓芬副總編輯，他提出本文的觀念性架構及有趣的論點與意見，期望本書能更貼近於讀者閱讀。

　　如果沒有我的學生詩菁專心一致，勤奮不懈的協助繕打，本書不可能在如此迅速的速度下出版，從 2001 年 10 月 1 日，而成書則在 2002 年 7 月寄出，特別要向就讀於國立雲林科技大學企管系的詩菁、冠伶及其為本書努力之人致敬，並感謝張毓芬副總編輯的引介。

張麗娟　誌謝

2002 年 6 月 10 日

於經濟研究室

目錄

表目錄

圖目錄

第1篇

理財入門概念

1 理財規劃的正確態度

第一節　生活的法則

　　現在開始問問自己，是否有一套生活的策略？是且戰且走，還是走一天算一天？果真如此，自己的競爭力也太低了。外界覬覦者眾，且戰且走不是致勝的關鍵，要生活有效率通常要深諳遊戲規則而胸有成竹。因此，知道遊戲規則，擬出計畫與對策，就比那些毫無計畫的人高出更多的財富，道理是很簡單的。

　　別讓發財只是夢想，要把投資理財當成為生活規劃的一部分。理財不只是生活重要的學習歷程，更是一輩子的人生規劃，完整的理財概念與充分的資訊是絕對有必要的，然而時機更是關鍵！理財規劃永遠不嫌遲，當你比別人早一步開始計畫，也就同時掌握了累積財富的先機。

我們常常為了現實的問題而不懂得如何去管理生活，例如嫌自己薪水低、嫌自己大才小用、覺得自己有志難伸、生活有如行屍走肉、老是無法達成自己的目標、太過於滿足現況、懶得面對挑戰，更懶得做改變，甚至背負自己無法承受的財務壓力……等等。但是我們常常將這些不愉快的經驗與想法轉換成「和別人比起來，我們過得還不錯啦！」、「我很努力了，可是你知道的嘛，真的不容易耶！」、「比上不足，比下有餘，咱們過得可以了啦！」，暫時用這些觀念來逃避，生活中確實也需要作這種調和，但是卻沒有明確的標準與清晰的目標，在模稜兩可的情形下，讓自己比較容易混水摸魚。這種想法卻是一種迷思，要生活在一個競爭的世界裡，輸贏成敗就在這些生活法則裡了，生活品質的高下，端看自己的投資觀念。著名的「生活策略規劃」學者菲利普・麥格勞（Philip C . MeGraw）就提出他的生活法則觀念。❶茲將其生活法則列示如下：

一、掌握要領

投資人必須就自己知道的去做，若懂得愈多就做得愈好。投資人必須了解自己為什麼會做某些事，又為什麼會規避某些事。如果缺乏必備的資訊與技能，也就是不了解遊戲規則或事情的前因後果，因而缺乏妥善的規劃和對策，便會破壞自己成功的機會，因此掌握要領是很重要的。

---

❶ 菲利普・麥格勞（Philip C. MeGraw）著，柯清心譯，《活得聰明活得好》，臺北：天下遠見，2000 年。

　　「知識」的相反詞就是「忽略」、「無知」，但錯誤的想法和自以為是的態度，不聽專家的建言或不正確的資訊會帶來更多投資上的危險性。

二、對自己的生活負責

　　對自己的生活負責，承認且接納自己投資的結果。並且必須承認，所有後果都是由自己打造出來的，這絕非偶然。如果你不喜歡自己的工作，責任在你；人際關係不好，責任在你；不快樂，責任在你，負責不是耍耍嘴皮子，而是必須去分析自己的作為與結果之間的關聯，經驗是自己打造的，所以要坦然負責。

三、有所為而為

　　當自己的行為無法達到某種目的，就要勇於拒絕，金錢或精神的報酬是所有行為養成的關鍵因素，行為的成因錯綜複雜，如何釐清自己生活中的種種行為與報酬的關係，才能了解並且控制個人行為的因果關係，若想戒掉「不勞而獲」的習慣，就必須停止藉這種習慣來「犒賞自己」。若想去影響別人的行為或行為模式，首先就得了解他們的金錢或精神的報酬在哪裡，去控制那些報酬，才能用它來鼓勵你想要影響或改變別人的行為。

四、承認錯誤

　　承認錯誤，別找藉口推託，檢討後再努力朝目標前進。選擇性失憶（selective amnesia）大多是發生重大事故期間，投資人有時運用知覺

性防衛機制來保護自己避開無法承受的壓力，或不想面對的事件，而對於事故的任何片段完全想不起來，也就是不去面對錯誤或當作重大事故未曾發生。

想改變現況，就必須坦承自己的錯誤，承認自己的缺失，如此才能包容自己的瑕疵與過去的包袱。

五、一分行動，一分收穫

光是空想擁有財富，卻不行動是達不到目標的。拖延心態是理財的一種毒素，機會錯失就很難再來。所以，決心與行動為理財的不二法門，並且能預期未來的收穫，但行動必須配合你的知識、覺察力、洞見和了解力，否則行動就不具任何價值了。

有風險，就表示有某種珍貴的事物處於動亂之中，珍貴的事物多半是指我們的平靜心情、生活態樣、人際關係或財務的穩定性，由於在追求風險的過程與動作中均會擾亂了原本平靜的生活形態，就是我們指的珍貴事物。所以，我們會佯裝幸福，怯於冒險或試盡託辭的方式去避開風險，無論現狀多麼沈悶無趣，仍希望維持現狀，在現狀中故步自封、不冒險、不改變、更不探索未知。雖說冒險嘗新可能造成極大恐慌，令人縮手不前，但如果未戰先退，自己也將永遠踏不出去了。

改變現狀總是令人焦慮、痛苦。痛苦的確有驅策我們行動的能力，也逼自己選擇要走的方向，如果能懂得利用痛苦來驅策自己，擺脫眼前的困境，達到想要的境界，眼前的折磨反而能成為將來的利基（niche）。說不定現在所受的苦難，正是改變人生邁向另一境界所需的動機！

　　大膽冒險與人類自我保護的本能相抵觸，但下定決心冒險一試，追求目標，生活將因此滿載勝利與收穫；即使萬一失敗，至少也能學到一點，生活總是有輸有贏的，能贏是因為自己努力過，知道自己的理財目標，並能按步就班，堅持到底。付出行動，看緊結果。

六、認知決定行為的一切

　　看清自己如何去解讀事物，了解自己的背景，並能跳脫原來的認知，只有自己才能選擇詮釋的觀點；所有事物的意義與價值，都是自己所賦與的認知。

　　人的思考受認知的影響，就似一個思考濾網，思考濾網——包括我們的人格、態度、觀點和作風，會左右我們對經驗的解讀，並進而決定了人、我之間的互動因果。這些思考濾網無所謂好與壞，有些也許很健康、正面；有些則可能扭曲而具有破壞性。若想要活出效率與效能，自己得先認清自己的思考濾網，別讓它扭曲了自己的想法，甚至誤導了決策。如果用過去慣用的思考濾網來看未來的世界，就等於任由過去來宰割自己的現在與未來。回憶不愉快的經驗是在於讓自己覺察別人覆蓋在我們心靈上的層層思考濾網，以及它對自己的影響。唯有承認問題的存在，坦承心中的痛，用毅力去改變自己的想法，才能走出歧見的囚籠。

七、作個生活管理者

　　失敗不是問題，問題是自己能不能站起來。

　　我們日常生活中，不斷的重複所做過的事，而這其中必有報酬，

不論是金錢或精神的報酬，只要用心探究，就能辨識報酬的存在。所有的行為模式中都含有報酬，無人例外，如果能真正鑑識報酬背後的因素，就可以努力減除惡習，也唯有正確了解自己的生活模式，接納報酬的觀念（這種報酬也有可能是病態的），了解這種觀念後才能大幅提升個人對報酬的控制能力。想要獲得報酬自己必須痛下決心，花時間化解自己的理財問題，不要只顧著解決別人的問題。俗語云：「做鞋的人反而沒鞋穿」想想看，當我們忙著提供我們實在無法提供的東西給別人，但卻無暇照顧自己時，甚至因為如此而長期延宕理財，讓自己對此問題產生麻木，而至心靈枯竭。但是萬一突然遇到痛苦或問題，就得設法去化解，別將事情悶在心裡。試想，自己可以不惜與人發生衝突、道歉、原諒，只要能把問題解決就好，切勿讓問題積壓而成為自己生活裡的負擔。

所謂生活的管理者，是將自己當作最重要的資源，把生活當成專案來管理，同時將自己當成員工來使喚，盡心的為自己工作。若得到報酬，就要悉心去規劃，信守承諾並且盡力而為，相信在不久的將來，一定有所改變，讓你擁有豐沛的朝氣與富饒的人生。所謂專案管理（project status management）就是努力擬出一份個人專屬的生活策略，並透過規劃來管理生活，不再活得漫無目標。例如：一個人負手緩步而行，不時駐足、繞彎，偶爾還凝視遠方。他的生活毫無目標，悠閒自得；但另一個人為了趕赴一場演講，他就會一路奔趕，甚至抄小路以節省時間，這種人有特定的目的地，時間對他而言也很迫切有限，趕起路來也必然十分專心。試想，這兩種人的行動與生活態度是有差別的嗎？

　　用專案管理的態度去理財，就是指用重要專案而迫切的心情，排除一切外務，專心處理手邊的事。用處理專案管理的態度去規劃理財，人生將大有轉機。不管是否願意動手改變，時間稍縱即逝。別等明天，也別等稍晚，現在就做吧！

八、列出你的終生決定

　　列出你的未來想要的生活品質、希望、夢想和目標，這些就是你的未來理財計畫，當人生作改變時，會遇到優質與劣質的選擇，優質的選擇讓自己左右逢源，人生坦順；但劣質的選擇，則必須抱持「我會修正這個決定」，也就是快速設法解決，並堅持到底。這種決定與決心可以測試一個人的成熟度。終生決定是個人心理與行為的函數，也是深植內心的價值觀，不單是一種想法，更是一生信守的承諾。

　　如果讓自己一直生活在「舒適區」，你所面臨的問題依然會是一樣的，如何督促自己在各方面多用心，是非常重要的：舉凡你的打扮、自我控制的能力、情緒管理、人際互動管理、工作表現、包裝自己，以及每樣你能想得到的事。現在開始每天一早便問自己：「今天怎麼做，才能讓我的生活變得更好？」然後努力找出答案，付諸行動，記住，每天都不能偷懶哦！

九、用心學習談判技巧

　　你必須在每場人際關係中，都是積極的介入者。譬如家庭中的理財是夫妻在互動規則中「調教」出來的，對方可從你身上學到你的反應模式，並將之納入自己的行為模式中，如果你承認在彼此互動的過

程中扮演要角，就是努力「為自己負責」的表現。對方會尊重你的能力，因為是你創造了自己的經驗、是你去接納伴侶的行為，以及未來行為所造成的後果，如果你能用心學習談判的技巧，勇於控制自己的反應，才能培養互敬互諒的關係。

理財是夫妻雙方共同的事，在彼此溝通觀念之前，你必須鼓足勇氣，下定決心，具有膽識和毅力，而且要設法獲得對方的尊重。你得立定終生決定，寧可獨善其身，也不願悲苦的活在兩人世界裡，而掉入自欺欺人的陷阱中。

主動教育別人善待你，別儘是抱怨別人，學習提高互動模式的標準，等於是改變夫妻中實質的關係。對方絕對不會喜歡做大的改變及接受風險，所以如果你硬要改變現況，勢必將引起夫妻中另一方的反彈。但是，由於以前的遊戲規則是你教的，助長其惡行的人還是你，他們跟你一樣，早已習慣了這種方式。不但過慣了零風險的日子，而且活在麻木不仁中，且逃避不容易取得成就下的生活模式。因此，如果你想提高別人善待你的標準，改變彼此的遊戲規則，就應先告知他們一聲，才算公平，畢竟對方有權知道你的理財策略。

十、想清楚，說出來

俗語云：想要達成夢想最簡單的方法，就是說出自己想要什麼？然後努力去做，問題是，如何去描述自己的願望，有些人仍會苦苦思索，不知道自己要的是什麼？就好像現在有一位神仙能完全滿足你的要求，但先決條件是你一定得先開口講明白要什麼夢想，這樣對方才有辦法給你啊！

在設定正確目標時，必須深思熟慮，愈謹慎則風險愈小，因為如果目標設定錯誤，這比完全不知道自己要什麼更慘，無數人努力了一輩子投入無數的犧牲與代價，卻在目標到手之際悵然若失，然而這些人並沒有偷懶，只是走錯了跑道，錯失了機會，造成奮鬥了半天，反而離目標更遠的困境。因此建議在設定目標時要把握當務之急，而非人云亦云，魯莽追求未加細想的目標，必須時時提醒自己要「掌握要領」，當偏離目標時，也要有所知覺，唯有深入去了解目標與未來的風險報酬，才能在機會來臨時乘勢而起，迎風揚帆。以下提供一些思考的方向供參考：

- 對你而言，成功是什麼？換句話說，你的目標何在？你必須在生活裡創造什麼事物，才能讓你覺得達到目的？
- 你的目標是什麼？
- 達成目標時，你會是什麼情況？
- 達成目標時，你會有什麼感覺？
- 達成目標時，你會有什麼行為？
- 你跟誰一起達成未來的目標？
- 達成目標後，你的生活跟現在的生活會有哪些不同？
- 你必須克服或改變哪些生活問題與困難，才能達成未來的目標？換言之，目前有哪些作法阻礙了你的成功腳步？

如果無法詳細回答以上所有問題，就代表還沒準備好，麥格勞（P. C. MeGraw, 2000）認為：「不想要的東西再多也沒有用。」若自己很清

楚的知道自己要什麼？渴望何種感覺和經驗，而且非把注意力放在某件事物上，例如，一部名車或一份高薪。我們必須深入問自己：「為什麼我想要的是名車和高薪？」答案可能是，擁有後的感覺，如果能從目標層次提升至精神領域，可能在達到目標手法上的選擇會較多樣化，也就算是抓到重點了。

其次談「說出來」，就是大膽的伸張自己的思路，大膽伸張自己是需要決心和毅力的，該是你的，就得大膽掌握，主張自己應得、想得的事物，旁人無時不覬覦於你的財產、空間，乃至於你的思想和信念。試想，我們為什麼要任人掠奪？為什麼要敞開窗口，任憑竊賊進出呢？唯有站穩腳跟，堅定信念，才能大膽宣告：「該我了！這是我的機會，我要主張自己的權利。」西方有句俗諺：「自己的權利要自己伸張、發掘，沒有人會幫你做這件事，也沒人能取代你。」你若不做，這件事永遠不會有結果。夢想值得放手一搏，時機來臨時，別忘了自己擁有追夢權利的主張。

第二節　生活的範疇

以上十項生活法則與策略是一種學來的技巧，生活的層面有哪些？如果你說：「我想過快樂的生活」，但生活與快樂這兩個名詞，意義非常抽象，不很精確，等於是白說，所以生活要有內容，必須明確定位自己的現況和未來所要走的方向，要想吸收理財經驗，最好的老師即是生活的磨練。

　　生活的範疇大致可分為個人、工作、人際關係、家庭和精神生活等層面，或許在每個範疇和生活層面中，你設定的目標都不一樣，每一個層面你投入的心力也不一樣。但須先從最迫切的問題著手規劃，並實際付諸行動，本文只針對個人及家庭理財而言，見表1。

表1　生活的範疇

生活的範疇	生活的內容
個　　人	自尊、教育、經濟狀況、健康、財富
人際關係	新的人際關係、修復現有關係、重新建立關係
工　　作	工作表現、目標、升遷、內容、換工作
家　　庭	父母、子女、兄弟姐妹、夫妻
精神生活	心路歷程、個人進修、生活重心

第三節　策略性生活步驟

一、策略性生活規劃（Strategic Life Planning，簡稱 SLP）

　　策略性生活規劃需要特別的技巧知識與策略規劃，則必須有下列的步驟及方法遵循：

　　*1.*若想將夢想化成目標，就得明確訂出操作的策略。

　　*2.*用一種可以量化的方式來陳述目標，以期掌控進度與狀況。

3. 要設定一個期限，訂立時間表，以專案管理目標的方式，才能明確評估計畫是否切實。

4. 在鑑別自己的目標時，選擇自己可以創造與控制的事項，自己無力辦到的不必太費心。

5. 一份可靠的規劃及妥善的安排，能讓你在缺乏動力、心情低潮時，仍能信守自己的承諾勇往直前，妥善規劃自己所處的環境、責任，便能在熱情消散後仍能堅持下去。

6. 把目標謹慎的拆解成可以評估的小份子，重大的改變不可能一夕即成，它是一點一滴進行的，漸進且有步驟的實行是達成夢想的方法。

7. 為自己的行動或偷懶負責任，查驗自己的進度，以驗收的心態來過生活對自己比較不敢懈怠。

8. 從生活經驗中記取教訓，研究成功的經驗時，則能細讀正面的激勵事物，找出人際關係良好的原因，對自己有助益的財務智商應重製。如此將可提高自己理財成功的機會。

　　成功的生活家會刻意的經營自己、照顧自己，將自己當作達成專案目標的頭號資源。他們不但管理自己的身心財富與健康財富，維持生活的平衡，以避免變成時下所說的「過勞死」，也不會只顧著一個特定的目標，而忽略了其他部分。運動、娛樂和家庭時間也是他們的重心，即使面對惡劣的工作和人際關係，也能一笑置之，他們的處理方式可能是用心去改善；也可能調頭離開，但絕不自找麻煩。表2或許可以給大家作一個規劃的參考：

表 2　八個五年的生活理財計劃

75～79 年	80～84 年	85～89 年	90～94 年
＊結婚、生子 ＊第一個孩子出生（75） ＊第二個孩子出生（77） ＊買自住房子（75） ＊買保險（75）	＊買車子 ＊定存、存錢投資 ＊買第二、第三間房子 ＊夫博士班畢業（80） ＊妻碩士班畢業（82） ＊妻博士班考上（83） ＊第三個孩子（83） ＊泰國旅遊（80）	＊付清第一、第二間房屋貸款（89） ＊餘 160 萬貸款（第三） ＊美國旅遊（89） ＊購退休養老保險 ＊妻博士班畢業（89） ＊老三 50 萬保險（89）	＊香港旅遊（90） ＊妻買車子（90） ＊妻換工作（91） ＊大陸旅遊（90） ＊澳洲旅遊（91） ＊還清貸款 160 萬 ＊美金存款 4 萬 ＊達成淨值累計至 300 萬目標 ＊老大五專（90） ＊老二高中（92） ＊老三小五（94） ＊妻考上會計師 ＊夫升等教授
95～99 年	100～104 年	105～109 年	110～115 年
＊老大上二技，完成學業、當兵 ＊老二上大學 ＊歐洲旅遊 ＊老三高中（99） ＊達成淨值累計至 800 萬目標 ＊妻退休（97-25 年）轉私校教書 ＊妻升等教授（97）	＊老大工作、結婚 ＊老二出國留學、結婚 ＊達成淨值累計至 1,300 萬目標 ＊老三大學畢業（104）	＊妻 60 歲 ＊夫 63 歲 ＊達成淨值累計至 1,800 萬目標 ＊美金存款 8 萬	＊妻 65 歲退休（114） ＊夫 65 歲退休（111） ＊達成淨值累計至 2,300 萬目標 ＊美金存款 9 萬

資料來源：作者整理

二、成功之路的四個階段❷

　　人生有許多弱點，其中最大的一個弱點就是常常快速的說出「不可能」或「我放棄」這個單詞。對於說這種話的人而言，最保險的方式也好像就是「不可行」。如果你採取了我的對策並始終不渝的為之努力奮鬥，那麼你就會使你的所有夢想成為真實。

　　當別人對你選擇的道路提出異議乃至斥責的時候，你必須坦然面對。輸家常常會把怨氣拋向贏家，因為消極與積極總是難以調和的。你在向成功奮進的過程中會經歷四個階段，這四個階段非常具有典型意義，可以說每一位成功人士都必須要經歷。

　　第一階段：你有了一個新想法，但在這個想法取得成功之前，你會受到許多「踏實派人士」的嘲笑。

　　第二階段：你堅持不懈的努力終於修得了正果，取得了更大的成功。這時你會成為飽受誤解與忌妒的目標，人們不樂於看到你取得成功。

　　第三階段：你的成功不斷升級，而你也始終不變的為實現目標而努力。這時，人們會害怕你，且這種害怕會變成批評與攻擊。如果你受到強烈的攻擊，那麼你一定不要放棄。因為這意味著你距離最終的突破已經非常接近了，你即將取得最後的成功。

　　第四階段：如果你繼續堅持下去，那麼你就會實現夢想中的目標。你的瘋狂的、不可能的、不尋常的想法成功了！這時，所有那些

❷ 民國 90 年 1 月 20 日，經濟日報 42 版。

曾經嘲笑你、忌妒你、批評你的人會走過來拍著你的肩膀說「太棒了！我早就說過，你會成功的！你有朝一日會成為名人的！」

　　對於你的批評者，你不必太在意，你不要忘記：人們從來不會為批判者豎碑立傳的，而被批判者的人卻常常受到這種禮遇。

三、享受奮鬥過程的快樂❸

　　然而實現目標只會帶給人們一秒鐘的幸福，然後就消失了。也就是說，你必須學會享受奮鬥過程中所帶來的快樂與幸福，套用一句中國哲學道家的智慧就是「道即是到。」

　　你並非是在實現目標的時候才努力的，而應該為有機會實現下一個目標努力工作而感到快樂！如果一個人只是追逐一個接一個的目標，那麼儘管在別人眼裡他是成功的，但他自己卻不會感到成功所帶來的幸福。

　　當確立一個具體明確的目標時，同時也意謂著包含一種危險，即可能會使你對別的機會視而不見，你也許會頑固的堅持一種想法。請千萬不要讓目標蒙住了你的眼睛，使你無法看到別的、更新的，甚至更好的機遇。打個比方，你在許多年以前就確立了一個目標，要建立一個屬於自己的唱片立體聲設備企業，接著你創造了這個企業。然後你的下一個目標是出產最好的產品。所以接著你就制定了一個目標，要讓你的企業成為唱片生產領域中最成功的一個。就在你朝這個目標努力前進的時候，出現了 CD 機。如果你對市場動向不夠敏感，未能

---

❸民國 90 年 10 月 17 日，經濟日報 44 版。

及時跟進這輛「新列車」，那麼你的整個計畫都會變得毫無用處。你必須不斷的覆核自己的目標。你應該時常自問，你現在的目標是否還像以前所訂立目標時一樣對你很重要。如果答案是「不」，那麼就馬上改變你的目標吧！

　　以下是一種自我練習題：

1. 三年後，我每日可以掙多少錢。
2. 我將有多大年齡。
3. 二、三十年之後，我的健康狀況及體重會怎樣。
4. 五年後，我的人際關係會如何（包括伴侶、孩子、同事、員工、上司、朋友）。

2 家庭財務報表分析與理財規則

人從小到大，就與理財結下不解之緣，不管是有錢或中產階級，每個人均有自己的一套理財觀。理財的領域包括了下列幾項：

1. 銀行存款。
2. 共同基金。
3. 民間互助會。
4. 開店與創業。
5. 股票投資。
6. 保險理財。
7. 債券或票券投資。
8. 節稅理財。
9. 不動產投資。
10. 退休金理財。

　　家庭的理財規劃與財務報表分析兩者之間的關係至為密切，為了創造高品質的家庭生活，對於一個理財者而言，實在有必要做進一步的了解與學習。

第一節　財務報表的編制原則

　　財務報表分析係就財務報表所提供的資料，運用比率、百分比或金額等各種比較分析法，充分表達一個家庭的實際狀況，作為釐定各種投資決策的參考，換言之，就是詳細的指出每一個家庭每月收支狀況、資產負債表、家庭年度性收支等情況，又稱為損益表。

　　人的一生可分成許多不同的階段，從成家立業、滿巢期、空巢期至退休生活，由於財富創造的乘數不同。所以，各階段累積財富的方式也不一樣。有些人把人生的理財階段分成長、中、短期目標，長期目標是指從目前至退休所想要達成的大目標，如購屋、教育費、保險費與退休的生活。短期目標則著重在未來一兩年內打算完成的事情，如購車、旅遊計畫或小孩子的學雜費，兩者彼此有其一致性與連貫性，如何擬訂具體且可行的計畫，在現今資產多元化的情形下，對「月光族」❹而言尤其重要。

❹所謂「月光族」即是一個月之內把所賺來的錢花光。

一、預算表的編制

編制家庭的財務報表,必須定期記錄收入與支出的數字,保存完整的財務記錄如帳單、統一發票、支票票據、醫療單等,其財務紀錄必須選擇適合自己的方式作有系統的分類,其蒐集的方式有下列幾個重要準則:

1. 一貫性

一個家庭的保存收據規劃,必須是全家理財運動,必須有其一貫性,不可朝三暮四,隨便改變記錄的方法。如果前後的記錄沒有一貫性,則會浪費很多時間在資料的整理上。

2. 重要性原則

依據會計學的重要性原則,重要的收支情況,必須逐筆列示與揭露重要交易,由於資產負債表上的項目是永久帳,而家庭年度性收支情況是損益表則為虛帳戶,按年結清後轉入淨值中。

二、掌握個人資產負債的結構

1. 評估個人淨資產價值

透過資產負債表的表達,將資產分成流動及非流動資產兩類,流動性資產有現金、定期存款、壽險現金價值、股票、債券、共同基金、互助會款(活會)、其他;非流動資產有房屋、土地、汽機車、

珠寶、藝術品等，有了市價的估算，才能掌握本身的淨資產價值。

2.評估負債結構

　　對於個人的負債，可分成流動性負債及長期負債，如不能對負債充分了解則很難作正確理財。流動性負債分為應付信用卡帳單、消費性貸款、分期付款餘額、應付互助會款（死會）；長期負債有房屋貸款、汽車貸款、土地貸款。

3.重視資產的收益性與流動性、安全性

　　評估資產時有效益的資產如：股票與基金，屬流動性資產，必須重視收益性與安全性。而固定資產的負債如房子，就屬於沒有效益的資產，則比較要重視資金的安全性。

三、了解個人收支狀況

　　個人收支表包括收入、支出及結餘三部分，是指個人在某一段時間內（通常為一年）收入與支出的情況。收入包括薪資收入、投資收入及其他收入等。投資收入來自於股票、債券的利息收入、股息收入或資本利得及房屋的租金收入；其他收入則包括退休金、保險金、政府補助額、子女俸養金等。

　　支出的項目包括食、衣、住、行、子女教育費與生活費、育樂休閒費、醫療及人身保險、捐款、交際應酬費用、所得稅、基金的提撥。像教育基金、退休基金、購車基金等，由於是預估項目，其實未來並未支出任何費用，而這些各式提撥的基金已顯現在「定存」、「股

票」、「債券」、「共同基金」的資產負債表上。

　　將收入、支出的各項內容估計之後，即可計算出餘額。例如結餘是正數，則代表尚有盈餘，如為負數則可能要考慮延長各式提撥基金的年限，以達收支平衡。

第二節　了解個人資產負債結構

　　在設定理財目標時，必須深思熟慮，愈謹慎風險愈小，因為高報酬的投資必會伴隨著高風險。如目標設定錯誤，或是走錯了跑道，錯失了機會，將造成奮鬥半天，反而更偏離了當初的目標。

　　故在設定目標時，應注意下列法則：

　　1.收入與支出的金額須設定日期且金額要量化。

　　2.收入不高估，支出不低估。

　　3.重大意外支出需以保險因應。

　　4.不要以短期資金來因應長期資金之用。

　　由於房地產投資是一種長期性投資，其特質是變現性相當低，如以短期資金作長期使用，在面臨失業或家庭重大變故時，會形成流動性不足，當以短期資金用以因應長期資金之用時，會造成以賤價求售方式來快速變現房地產，而形成巨額損失的現象。

　　5.規劃確定程度較高的固定收入，才能支應長久。

　　收入可分為不確定程度較高的收入，包括股票資本利得、股利、

紅利、績效獎金、子女奉養費等，及確定程度較高的收入，包括有薪水收入、存款利息。用後者的收入來支應日常生活所需的費用，如貸款利息、會錢、稅金及食、衣、住、行等相關必要支出，才能支應的長久。

6.開源節流是理財的第一步。

開源節流不僅要從習慣、行為改變，就連心態、觀念也必須調適。家中的生活模式、消費習慣到理財策略，都要仔細且檢討反省，擬出一套符合自身情況且能長期對抗不景氣的方案。

第 2 篇

開源與節流

1 如何開源
——薪資、第二專長與投資

第一節　穩紮穩打

一、以實力換取別人肯定●

　　開源的第一步就是要有固定收入——薪資，有了薪資才能再談後續的理財活動。雖然在職場上，薪資對每個人而言所代表的意義不盡相同，但穩紮穩打，仍是換取加薪的最好籌碼。

　　以某公司錄用兩名員工甲與乙來比擬，甲的表現光鮮美麗令人印象深刻；乙則擁有任勞任怨的精神，兩人因為工作的態度熱忱而雙雙被錄用。但是，經過二個月後，兩人的表現高下立見。甲作事浮華，

●民國 90 年 2 月 5 日，經濟日報 44 版。

紙上內容豐富，但不紮實；乙有著耐操的特性，穩紮穩打逐漸步入軌道，問起甲何以如此的原因，其表示因為薪資太少，讓他無法全力開發客源，上下班打卡受拘束；乙則沈穩內斂。E 時代的新新人類也許自信心非常充足，一味追求高薪高位而陷於迷失中，有如上例所指的甲一樣，實不利於未來職涯的發展。或許我們可以稱甲員工是草莓（外表華麗較無內涵），乙員工則是椰子（外表樸實但有內涵）。

二、謀職的關鍵成功因素[2]

在自我實現過程中，下列的成功關鍵因素是不可少的：

1. 膽大心細，慎選產業前途。
2. 放低身段，歸零心境。
3. 堅持選擇，追求所愛。
4. 肯定自我形象。
5. 虛心學習。
6. 讓生活簡單化，簡稱 kiss 原則（keep it simple）。
7. 培養成功習慣。
8. 追求卓越。

[2] 民國 90 年 11 月 29 日，經濟日報 42 版。

三、將開源付諸實現

經濟不景氣，對一個有被裁員或減薪的切身之痛的人，可能就會努力去思考是否要將不幸的危機化成為轉機呢？由於特別的因素而提醒自己重新推動自己的潛力，例如開始投稿、當家教或找尋合適的兼職工作也許是另一轉機。

惟兼差也可能違約。在景氣低迷，業務量銳減時，上班族更有閒暇時間可以兼差貼補家用。但兼差會影響員工上班時間的體力、注意力，主管也擔心會有業務機密外洩的後遺症，因而要求員工不得兼差。現行勞動法令對兼差並無明文規範，員工下班後要做什麼事情，雇主無權過問，但若兼職可能損及勞動契約的誠信義務，例如業務機密外洩、影響正常工作等，就可能違反勞動契約的規定。

所以兼差前，必須仔細檢視受僱公司的勞動契約或工作規則裡面是否有禁止兼差以及限制兼差的工作類型；若因為兼差而賠上一筆違約金或被迫辭職，就得不償失了。

四、一技之長走遍天下

在這個競爭如此激烈的社會，想要有更多的出路只有兩種方式：第一是多讀點書，以因應知識經濟的時代的來臨；第二就是培養自己的專長。如果唸書沒有興趣，則必須培養自己的一技之長，這樣才能和別人形成市場上的區隔。

第二節 善用時間的規劃──自我充實

一、跨入職場就業的準備

　　人生成本常被遺忘，但人生處處是機會，所以人生就像資產負債表，只要能選擇降低成本、增加收入，那你的人生就會有盈餘，但人生有些成本是無形而又感覺不到的，例如，你在職場上，如果仍是少爺、小姐身段，或者仗著關係，橫行霸道，你的人際關係成本，取得合作與支援的成本都會增加，甚至就算成本增加也一樣寸步難行。同樣的，從成本的觀念來看看同年齡的「檳榔西施」，他們在同年齡層中屬於高收入的族群，若以人生成本來看，西施的職場生涯如夏日之蟬，在未來職場很難找到穩當的工作，當然也不太可能自食其力的積蓄養老，也許可能選擇加入特種行業，但這是人生一大損失，所以人生成本無處不在，有人還日日增加自己的人生成本，卻樂在其中，像一些整天待在電玩店的人，不但耗損了健康、時間與金錢，而且對在學與就業的人來說都是在浪費一天的耕耘，無形中增加了未來升學或財富累積的成本。所以，善於規劃時間，充實專業，能讓你的人生成本降低，尤其在加入世界貿易組織（WTO）後，我們必須面對日益激烈的國際化競爭，目前人才需求以國際貿易、金融投資、研發技術、具有國際證照或具有規劃企業 e 化經驗的專業人才最為炙手可熱。

　　離開學校跨入職場就業之前，學生大多會經歷四個階段，即為生

涯認知、生涯定向、生涯試探與生涯準備。這是需要國家與社會就業機制、家人、師長的協助，幫助初出社會的新鮮人積極展開職場生涯。求職要懂得方法與職場生涯規劃，不是盲目找工作，而是要有耐心和努力的找尋就業機會。根據青輔會的建議如下：

1. 參加公職考試與公民營企業機構所舉辦的各種甄試

公職考試可從考選部公共服務中心的服務電話查詢最近的考試公告，也可訂閱考選部發行的「考選周刊」參考內容。公民營企業機構之甄選，可洽青輔會甄選科詢問。

2. 尋求就業服務機構協助

各地區均有就業輔導中心或運用各級學校的就業輔導室，以尋求協助。

3. 請求親友與師長推薦

尋求人際網路的就業資源，則可以提高尋找工作成功的機會。

4. 運用網際網路的相關網站與辦理就業事項

在企業國際化的趨勢下，網路的就業資源不容輕忽與錯失，透過人力就業網站、職場生涯網站等資源，無形中擴大了求職者的視野與機會。

5.在應徵工作前，閱覽各式各樣的求才廣告

由於徵才資訊管道多樣化，如青輔會發行的「求才周刊」、「國內外碩士以上高級人才就業資訊」、「專上求才求職資料庫」，或坊間相關的就業報章雜誌，也是不錯的選擇。

6.創業

自行或合夥創業會給自己創造更大的財富，但是，事先必須三思而行，有了深思熟慮的思考模式，如先進行市場調查分析、預算控制、經營策略規劃、經營團隊的組合、未來的遠景，還要有具體的創業計劃、籌妥後續的資金，尋覓合作的人才，了解相關的法令，創業前必須事先作好妥善的創業準備，才能增加創業成功的機會。

7.自願離職或資遣

兩者是不同的，當老闆要求簽下「自願離職」或「優離優退」聲明書前，要小心不要輕易簽下同意書，如成為自願失業者，將會失去很多權益。自願離職，是因為勞工自己個人因素或生涯規劃而離開公司，現行法令並無提供任何福利措施；但被老闆資遣，除了有勞保失業給付，還有免費的職業訓練，職訓期間還可領取每月 15,000 元的訓練生活津貼。因資遣等非自願性失業，到公立就業服務機構登記滿 7 天仍找不到工作，就可領取失業給付。失業給付相當於投保薪資的六成，最長可領六個月，例如甲的勞保投保薪資三萬元整，那他一個月就可領 18,000 元失業給付，六個月就是 108,000 元。但不能同時領取訓

練生活津貼，除非職訓期滿仍找不到工作，就可再請領失業給付。

8.避開陷阱明哲保身❸

目前失業問題因景氣不振而益顯嚴重，在求職時，老闆利用騙取的身分證，充當人頭開戶供公司使用，或請求職者充當借款連帶保險人或買手機供公司使用等，最後落得人才兩失或債信破產，甚或身陷囹圄。例如某人曾任某知名公司副總經理多年，在老闆要求下當上某上市公司董事，其實股權都是老闆的，後來老闆因掏空公司資產，造成公司財務危機，董事除被控背信外，債權銀行為追索債權，查封當時曾為公司董監連帶保險債務人的財產，影響之鉅不可不慎。另有一例則是老闆請他在銀行開立甲存支票存款戶，支票簿和印章交由老闆保管，結果公司財務陷入危機，債權人紛紛向他索債。某人在求職時，老闆利用人頭開戶騙取手機後在銷往大陸，最後逃之夭夭，變成通訊公司追討保證金、違約金、通話費的替死鬼。職場陷阱，何其多？不能為保住飯碗而讓雇主予取予求，充當人頭或保險人。當老闆要求充當人頭時，除了婉言拒絕外，要有說不的勇氣。

開源的第一步就得先有一份安定的收入來源，再將沒有必要的人生成本減少，善用時間，自我充實，讓心態與思維改變，再則尋求外在資源與機會，即是在進行理財的第一步。

---

❸民國 91 年 1 月 29 日，經濟日報 34 版。

第一章　如何開源──薪資、第二專長與投資

二、籌措留學經費理財工具要安全❹

出社會工作後，發現學歷只是張紙，第一次工作才用得到，但它卻是更多機會的升遷護照，許多人在工作一段時日後，不免想再進修或深造。

以美國的商學碩士 MBA 為例，排名前 50 大的私立名校，兩年的學費加上生活費可能要高達 10 萬美元，合新臺幣約 350 多萬。若是選擇州立的學校，最好的也要準備 200 萬臺幣。便宜一些的，在歐洲一年的學費也要 100 萬元臺幣，所以想存款出國的投資人，必須提早儲蓄理財，且慎選安全性高的理財工具，強迫自己節約，或找出表現穩健且績優的開放基金投資。多吸收理財資訊，才能早日且輕鬆的實現夢想。

第三節　讓好習慣變為自己的貴人❺

美商宏道資訊亞太暨日本區總裁何經華他深信，一個人養成每天少睡兩個小時，將時間用來觀察、思考、反省自我與學習新知，兩、三年後就會變成一個不一樣的人。

他勉勵上班族必須加強培養本身優質的競爭力，自我淬煉，則未

---

❹民國 90 年 10 月 29 日，經濟日報 37 版。
❺民國 90 年 10 月 30 日，經濟日報 42 版。

來行情將會看漲。在他的人生旅程中，從臺大政治系畢業後遠赴美國改念電腦科技；接著踏入社會工作，在美商甲骨文服務，但深覺異鄉不是他最終奮鬥的目的地，毅然返回臺灣從零開始。他指出，一個人在職場的競爭力，不是來自老師、父母，而是來自自我淬煉，設法讓好習慣變為自己的貴人，然後善加做好時間管理與壓力調適，並且有隨時準備明天走路的心態，認真工作，還有愉悅的心情及投入工作的熱忱，再加上有妥適的生涯規範，掌握人際溝通的技巧，像他就以做自己的千里馬自居，已習慣每天睡覺前自我檢視一下今天有沒有學到什麼新知，如果沒有，馬上跳下床找本書看也好，一定要從中吸取一些新鮮的知識。

　　不斷充實自己各項技能，是把「明天就走路」轉化為「明天就上路」的正面思考，由於平日認真做好充分的準備，等到一有自己可以勝任的職位，就全力以赴去說服老闆，讓老闆相信自己是最佳人選，並且將在這個位子要做什麼事情、該寫的執行計劃、要改革的地方、成本如何、回收如何、可能的團隊人選以及問題狀況等都想好了，將這些狀況一五一十分析給老闆聽，機會自然不會外落他人，像臺灣甲骨文總經理一職就是他這樣得來的。

第四節　進修要懂得挖寶 ❻

　　「參加職訓班」是很多上班族選擇的充電方法。上過課後，不少

---

❻民國 90 年 10 月 24 日，經濟日報 42 版。

人都有花錢當了冤大頭的感慨，不是講師講得文不對題，就是像在參加產品說明會一樣，有用的沒聽到一句，沒有用的倒是講了一大堆。以個人經驗提供一些要訣，希望進修族在付出時間與金錢後，真的能為自己進修加分。首先，搞清楚課程內容，最好再找本相關書籍來看，例如想學DATA MINING（資料採礦），因為本課程是電子商務行銷的一環，所以報名參加充電時，最關心的是資料採礦統計方法及資料庫行銷，但由於課程太難了，講師只講幾句話就帶過。結果，花了一個月上課，卻沒學到想學的。

　　若自己已繳費上課，就只能靠自己挖寶了。其實，主辦單位請的講師九成以上有專業實力，若碰到辭達意明者，那就恭禧你；若沒那麼幸運，也不要只等著下課，只要多發問，進修還是可以滿載而歸的。只要想想這是自己花錢求學挖寶，沒學到東西豈能罷手？不懂只要舉起手，幾分鐘就可換得二十年的經驗談，還是非常值得的。在職進修應看成是一種自我投資吧！千萬別有認賠殺出的想法，有價的損失不算什麼，進寶山沒挖到寶，無價的知識損失才大呢！

2 如何節流

第一節　不景氣的省錢方式

一、隨身帶著計算機[7]

　　經濟不景氣，大家的荷包都縮水了，如何讓自己在開源無效下能節省生活開支，這時就要聽聽過來人的話，分享他們的經驗，並且改變過去的消費習慣。

　　其實要用十元做一百元的事，沒有什麼竅門？聽聽婆婆媽媽怎麼說：「精明能幹的女人，就必須隨身帶著計算機，逛街或買東西時先注意價錢再掂掂自己的荷包，最厲害的是可以不花錢就賺到精美禮品。」

----

[7]民國 90 年 12 月 12 日，經濟日報 38 版。

　　節流必須是全家的簡單任務，尤其是每一個人都有要如此認知，您一定會認為如此斤斤計較會讓自己生活變得刻薄了，什麼地方都要節省，車票 240 元，哥哥如果粗心丟掉了，就必須從零用錢中扣。妹妹為了節省交通費搭捷運的月票總是小心省著用，甚至搭一段就下車換免費公車，一天就可省 5 元，一個月就可以省下 300 元左右，她的私房錢也增加了。媽媽以前只要逛一趟街，看到什麼都心動，現在則從節流習慣做起，不斷催眠自己，只要欣賞不一定要買回去，自己多站一下欣賞美麗的別針也算是給老闆捧場，自己心想不花錢也能享受櫥窗美景，吸收流行資訊。百貨公司不斷以贈品吸引消費者提前消費，故把蒐集來的贈品券以不外花費成本的方法換得商品，而非為了兌換贈品又順便意外買了不需要的商品。因此，消費者必須告訴自己，不要因拿了贈品而買了些沒有用的東西，那才虧大了呢？

　　再者，拿了那麼多的贈品，作什麼用途呢？試想：每月清一包用不著的東西——如書、衣服、飾品、背包或是與朋友開一跳蚤市場，也算是作一種良性的人際互動，很不錯吧！

　　等東西清出去時，媽媽深深的發現了一件事，家中空出了許多空間，原來，女人一直用一些很便宜的東西占據了非常昂貴的屋子的空間呢？但是，一定要如此斤斤計較嗎？把自己的生活品質變差嗎？如此是否也讓總體經濟變疲軟了，雖然有消費、購買才能活絡產銷，有益社會繁華，但重要的是，您必須想一想，自己適合什麼樣的生活，如果那是有錢人家的生活方式就讓他們去活絡經濟與產銷經濟吧！如果家中有人失業或可能失業，單薪家庭就必須過著省錢的生活，省夠了錢再促銷我們的產銷經濟吧！

二、降低支出、理性消費[8]

不景氣，賺錢不易，花錢就不能憑感覺，專家建議：隨時要建立預算消費的習慣，新貧族首先要能克服廣告的誘惑，如果打定主意出門消費，記得列好購物清單，出門後直奔目的地，荷包不帶多餘的錢；在則，剪掉多餘的信用卡，絕不動用信用卡的循環信用，同時也取消家人的附卡，免的有人替你多花錢，購物時要多方面比較，尋找便宜的消費管道，例如往上游消費以減少剝削，把握換季拍賣或週年慶的折扣。

記得時間與空間都是金錢，當利用便宜消費購進的存貨，必須建立明細表，例如什麼時候買的？購買的管道、價格均要一一記錄，一來不會重複購買，其次不會放到過期，最後更可以作為下次消費比價格的參考。

善用周遭免費資源，時常與朋友或親友互通有無，來個禮物交換或好康倒相報，多利用公共資源，如坊間的書籍、報刊、光碟、視聽帶等。新貧族不妨善用私人藏書及各類圖書館或企業資料庫，運用免費的方式上網查詢，則大量免費的資訊唾手可得。

---

[8]民國 90 年 3 月 1 日，錢雜誌，第 173 期，p28。

第二節 貨比三家不吃虧

傳統的購物與現在林林總總的網上購物，都令人耳目為之暈眩。e 化時代的來臨，想買汽車的人可以在互聯網上找到當地任何一個供應商，以最低廉的價格成交，也可以直接向傳統的經銷商購買實品，購車的選擇方式更多樣化了，消費者可以打破沈默，在無形中也形成一股主控的權力。消費者最樂見廠商競爭與撕殺了，尤其是在不景氣的年代，有競爭則可以想見廠商會因競爭而將價格壓到最低。

所以，如果你是精明的消費者，你就必須掌握看清廠商的競爭手法，廠商把消費者區隔成不同的顧客群，如航空公司會推出各種價格的飛機票，讓部分消費者願意付出他們願付的最高價錢。電腦軟體公司以低價的「標準」版招待精打細算的消費者，另設有高價的「豪華」版以吸引注重身分品味的顧客。因此，貨比三家不吃虧有下列的原則：

一、不要一時衝動而購物

在網路上購物，或從上網中獲得較多的資訊時，其實當你在網上瀏覽你要的商品時，如旅遊的飛機票，或汽車的車款時，廠商也在靜靜的摸索著你的消費習慣與弱點喔？試想，麥當勞的快餐店行銷哲學是「要附帶買包炸薯條嗎？」這一招可能用在你的生活購物中，附帶買了自己並不需要的東西回來，而形成購後失調的現象。

二、別被噱頭騙了

　　廠商善用差別取價的訂價策略，來吸引不同市場區隔的消費顧客，廠商很清楚的加以設定不同階層的價格，目的往往在誘使那些專門撿便宜的消費者上門，他們差別取價的目的在於區分哪些是注重身分象徵的顧客？哪些是喜歡殺價的顧客？因為自認是有身分地位的消費者會乖乖掏腰包買了豪華版的商品，這對廠商而言，這些顧客的邊際利潤必大。但是，小心，對於一般喜歡殺價的顧客，廠商也有一套策略，便是在兩種價格下，另訂出一套價格，平價版的電腦軟體稱之為「標準」；中價版稱為「專業」，最貴的則稱之「典範」，喜歡殺價之顧客以為用中價就可買到「典範」版，其實「標準」版就已夠棒了！

三、貨比三家有必要

　　消費者在多樣消費的選擇下，例如傳統的購物或網路購物，其中真是花樣百出，精明的消費者甚至被廣告所蒙蔽，弄得消費者在購買商品時造成選擇性的錯誤及認知的錯誤，買了沒有必要的東西。更可怕的是，你原本信任的廠商隨時為留住你而不時寄些推銷信，希望你再次光臨，同時提供你最優惠的待遇，但是，當你換了另一家賣同樣商品的公司，問其是否也有最優惠的待遇，卻發現，目前換的這家公司的金額比你當時以為可以依靠的終身廠商還更優惠呢？所以，隨時查詢與檢視你身邊一直信賴的銀行、律師、醫院、醫生、保險、理財顧問的價格，有必要貨比三家嗎？答案是：有必要。

四、拒絕預付的廣告

由於競爭激烈，各行各業不時推出新花招以招攬客戶，如利潤共享、預付信用卡點數、預付租金汽油費等，這無意要你多付錢、多消費，沒有精打細算下，白花花的銀子就飛走了。

五、善用優惠券折扣

如果你是某大公司的職員，如臺積電、臺電、中油⋯⋯員工，總公司常會有與重要的旅館或飯店、餐廳、遊樂中心、航空公司有策略聯盟的方案，在付款處要問問有無優待，或是否可使用優惠券的折扣，一開始就要抱著殺價不成功就不買的心態，先從價格中對折殺價開始，再開始談判價格，上加或下壓一些，若談不攏大不了不買。

第三節　善用助學貸款

政府開辦就學及助學貸款的主要目的在於協助中低收入的家庭子女能接受高等教育，以減輕其籌措教育費用的負擔，並對無力籌措子女教育基金或在現今高學費制度下的一種建立學生權利、義務對等的自我負責認知態度的貸款制度。

符合資格的學生，可持有學生證、繳費憑單，新生則憑錄取通知單、繳費憑單及國民身分證、戶籍謄本、印章等與家長（為保證人）至經辦的臺灣銀行、臺北銀行或高雄銀行任一銀行的分行辦妥對保手

續，憑借據或銀行所開之證明向學校申請暫予緩繳學雜費、實習費、住宿費及書籍費。由學校造具清冊送達給財政部資料中心審核後通過者，憑學校所發名冊即可由銀行撥款，如未通過者，則由學校通知學生補繳學雜費。

其申請條件如下：

1. 學生本人及家長（或監護人）含配偶一年所得合計不超過 106 萬元；或家庭突遭變故無力籌措學雜費者。
2. 操行成績在乙等以上。
3. 未領有全額公費或獲得政府主辦之其他相關就學貸款者。
4. 若僅為半公費或請領教育補助費者，可貸款金額則為扣除公費或教育補助費之差額。

第四節　花小錢度個優質的假期❾

在最近經濟不景氣，不論是機票價格上漲或交通狀況的惡化，再再使休閒生活的品質下降，如何在節流的情況下，也能享受到優質的假期，如果是國內旅遊，規劃兩天一夜的時間，在作行前飯店規劃時，不妨考慮臨近住家的飯店；兩天以上行程再考慮其他縣市的飯

❾民國 90 年 10 月 3 日，經濟日報 42 版。

店，同時應注意是否有免費停車、免費機場定點定時接送等服務。

　　所以，在規劃旅遊時，必須把飯店的服務、周遭的環境及價格作全盤的規劃，對於中南部的消費者而言欲到臺北觀光，最好選擇在捷運站附近的飯店，不論是出外遊玩或購物，都可節省不少計程車資，如想去看世貿展覽，則臺北凱悅、遠東飯店及力霸皇冠均是不錯的選擇。

　　善用飯店內的設備且有效運用飯店的氣氛，一樣也可過一個優質的假期。一般的飯店大約在下午 3 點鐘登記，早些進入，可以早些享受內部的設備，不妨先去使用飯店內的游泳池、三溫暖、蒸氣室或健身房活動活動，因為大部分這些設備都是免費使用的，洗蒸氣澡時可以在浴室內免費使用飯店提供的沐浴鹽，洗完澡後，到了晚上 6 點鐘要晚餐時，要先預訂晚餐座位，由於住在飯店的遊客均有特惠價格，大約在 900 元到 1,000 元左右，如果不想花大錢享受，也可以選擇飯店提供的自助晚餐。

　　現在有些大飯店也有最流行 SPA 療程，是女士最好的享受，在訂房時最好就先預定，每個單一療程的價格都壓得很低，大約在 900 元至 5,000 元不等。享受了晚餐後，遊客可以到飯店 PUB 或酒館去逛一逛，如元福皇宮的 Sean's 愛爾蘭酒館、臺北凱悅 Ziga Zaga、中泰賓館的 kiss 都很不錯，其入場費的消費大約在 400 至 600 元之間。或是使用飯店內的鋼琴酒吧或雪茄廳聊聊天，如遠東的醉月亭、臺北凱悅歡喜廊、元福皇宮的 Chur，與親人或朋友談天說地，增加彼此友誼，再不然就是到附近的百貨公司或景點逛逛也是不錯的選擇。

　　在就寢前，注意飯店的氣氛，先向服務中心詢問第二天早上早餐

的用餐時間，早上要看什麼的報紙，在登記時，就先向服務中心告知。如果要在飯店待久一點，則可以先將行李打包整理好放在房間內，就可以到其他地方去玩，把退房的時間延長至下午2點，一般飯店也會同意的。

小費嗎？在服務生幫忙送行李、停車或整理房間時給付，每次大約是在新臺幣100元左右，如果不給也沒有關係。在飯店中也有託嬰的服務，其收費大約是二小時600元以上。

第五節　好記憶不如爛筆頭

一、不夠聰明的人用聰明的方法

由於在資訊發達的時代，生活的步調加快，每一個人的時間都變得非常寶貴，與人溝通聯絡也逐漸改以手機簡訊、電腦網路的電子郵件傳送，甚至理財的工具也逐漸採用網路下單的方式達到理財的目的。隨時就會有趕不上時代的失落感。時代進步的腳步快速，每個人似乎有一些生活上的盲點，或是自己無法突破的「罩門」。但是，不夠聰明的人可用小技巧來改善記憶不好的缺點，找一些方法，如隨時養成帶小筆記的習慣，一想到，就馬上把重點或當日要做的事情快速記錄下來，做完就逐一消去。一則可以減少自己記性差所產生的失誤，二則可以讓自己的生活有一定的步調，使生活更具有效率。只有把自己當「不夠聰明的人」用心去尋求「聰明的方法」，才能讓生活

與細心結合而開創美好生活。養成隨時將要作的事情記在筆記本上，作完就逐一畫去，未畫去的事情繼續追蹤，故稱之為「好記憶不如爛筆頭」。

二、養成帶小筆記與隨時記錄的習慣

有一種記事本其內容是將一過月內所有的行程與財務狀況規劃在一本小冊子中，你可以根據小冊子內的做法將每個月的生活習慣點點滴滴的紀錄下來，隨時追蹤、隨時反省、隨時補充。下過月又是一小張的小冊子，將它隨時追蹤、隨時反省、隨時補充，如養成以上習慣則理財的方法會進步神速。

3 信用卡節流效果

第一節　重視信用卡紀錄

申請信用卡時，要重視信用卡信用紀錄，不要為了索取禮物，而造成擴大信用，或是一不小心將信用卡遺失了，而沒有迅速的申請掛失止付的通知，如果造成犯罪集團的作案工具，則更是得不償失了！如果你申請信用卡，純是為了索取禮物，後又將多餘的信用卡剪卡寄回給原辦理的公司，如此的動作對總體經濟而言，也將造成資源的浪費。

根據消基會90年統計申訴案件中，其中信用卡糾紛凌駕以往的購屋或購物糾紛之上，不論受害者是消費者或發卡銀行，都將造成信用上的損失。信用卡的卡數其實不必多，只要三張卡即可，將信用卡分成不同的三種刷卡期間，如月初一張，月中一張，月底一張。消費時

愈是接近月初期間則刷月初的那張卡，則可以將信用卡的借貸期間延長至一過月或一過半月呢，如此的規劃可以透過上網作預約付款（ssl）的方式，一則可以控制付款時間，二則不會有違約款出現。

再則，不要將信用卡點數回饋的權益睡著了，目前以累積點數回饋消費者的發卡行有中信銀、慶豐銀、臺新、匯通等十多家，雖然，各家活動名稱不一，但持卡人消費至某一點數即可向發卡行要求兌換禮品。而點數有一定期間必須兌換，否則視同放棄。但是，持卡人有些根本沒有時間去兌換獎品，或是禮品派不上用場，如此，銀行就可以省下這筆贈品成本，日積月累，也為發卡行省下了一大筆費用，這些「真回饋，暗省錢」的行徑實令人不齒。所以，發卡銀行實有必要反省如此的行徑是否會失去更多的商機與客戶，發卡單位不能一味主張是消費者將權益睡著了。有鑑於此，發卡銀行則應採取主動通知卡戶兌換禮品時間，或寄出明顯的兌換券送到卡戶手中，相對的，持卡人若累積到足以兌換禮品時，就別讓自己的權益睡著了。

根據聯合徵信中心的資料調查，凡是申請信用卡的張數或有違約款或發生卡片盜刷而形成的「爭議」款時，雖然不是自己違約造成的違約款，但一樣會造成在未來信用貸款、助學貸款以及未來創業的徵信信用上的損失。所以，要善加保管手中的信用卡，且重視自己的刷卡紀錄。

負債（如預借現金、透支）如果對未來無法創造效用，即便是一卡在手，現金週轉不求人，仍要選擇利息較低及手續費低的信用卡貸款，才不會因為創造了負債而形成「以債養債」的地步。

第二節　信用卡的分類

一、信用卡分類

　　「信用卡」對國人而言並不陌生，許多人已經有使用信用卡的經驗，不過因為這個名詞亦經常被誤用，把它和一些發卡公司或百貨公司發行的「會員卡」或「簽帳卡」混為一談。信用卡是由金融機構所發行，除了具備和簽帳卡一樣取代現金的「支付」功能外，更具備僅有金融機構所賦予的「信用」功能。擁有「先消費、後付款」，信用卡的付款條件更具彈性，也使金錢的調度更為靈活。所以投資人不妨把平時日常的一些支出，如繳交行動電話費或保險費，改以信用卡支付，不但可以延長支付的期間，又可累積紅利和爭取抽獎、對獎機會，可說一舉數得呢？

二、信用卡的主要功能有

1. 預借現金

　　如何預借到現金呢？持卡人必須親自攜帶信用卡及身分證，到發卡銀行的總行或各分行辦理，在國外時，則可利用當地貼有 VISA ／ Plus，Master Card ／ Cirrus 標誌的自動櫃員機或向 VISA ／ Plus 的各會員銀行預借現金，滿足緊急的需要。

2.紅利回饋

採「扣抵年費」的回饋方案者多是發卡量正要急起直追的銀行，如大安銀行，對刷卡數額較高的消費者較具優惠。「現金回饋」改善了「扣抵年費」的缺點，強調的是「刷的愈多，現金回饋愈多」。

3.失卡零風險

失卡零風險指的是當信用卡不慎遺失或遭竊時，持卡人只要立即致電向銀行申請掛失，信用卡被冒用的一切損失就由銀行負責。

4.道路救援服務。

5.用信用卡打電話

全球六十多個國家，持卡人可透過 VISA PHONE 或 MASTER PHONE，在當地撥接號碼，並且享有較優惠的電話計費，費用將直接列在信用卡帳單上，不必擔心零錢不夠或無法投幣，目前幾乎所有發卡銀行皆有此項服務。

第三節　善用信用卡道路救援❿

一、道路救援

　　開車族使用信用卡比例愈來愈高，除了可以繳交汽機車罰單外，車輛道路救援服務也逐漸獲得持卡人重視，發卡銀行在一定距離內，為持卡人拋錨車提供拖吊服務，就是所謂的車輛道路救援措施。如持卡人愛車拋錨時，不必擔心救援無門或被吊車廠任意開價敲詐。車輛道路救援服務，主要是免費拖吊服務或者拖吊算里程費優惠等兩種方式，部分發卡銀行還提供緊急修護費，入廠維修折扣等額外優惠措施。持卡人在申請道路救援時不妨注意免費拖吊的里程限制和拖吊方式。如表 3 所示：

---

❿聯合理財網 www.udnemoney.com.tw.

表 3　主要發卡銀行車輛道路救援報價的情況

發卡銀行	普　　卡	金　　卡	備　　　　註
土地銀行	500 元	500 元	20 公里
花旗銀行	500 元	免費	刷卡付費打六折
第一銀行	499 元	免費	30 公里
匯通銀行	500 元	免費	20 公里
華南銀行	免費	免費	20 公里
上海商銀	300 元	免費	20 公里
遠東商銀	300 元	300 元	30 公里
臺北銀行	八折	免費	金卡 30 公里內免費
中國國際商銀	499 元	499 元	20 公里
誠泰商銀	500 元	500 元	金卡不限里程，普卡 20 公里
萬通商銀	500 元	500 元	不限里程
中華商銀	免費	免費	享有一年的 20 公里免費服務，第 2 年起 300 元
華信商銀	499 元	免費	金卡享有免費服務，以紅利點數 2000 點購買或付費 500 元
玉山商銀	500 元或紅利 2000 點	500 元或紅利 2000 點	30 公里
萬泰商銀	免費	免費	20 公里
華僑銀行	268 元	免費	20 公里
中興商銀	600 元	免費	30 公里
台新商銀	800 元	免費	30 公里
富邦商銀	249 元	免費	20 公里六折優惠
大眾商銀	299 元	299 元	20 公里
中國信託商銀	八折	免費	30 公里

資料來源：由聯合理財網 udnemoney.com 整理。

二、愛車就幫它買附加險吧！❶

國人在購買汽車時，除了強制汽車責任險必須加保外，頂多只會加買汽車車體損失險，或是汽車竊盜損失險。但是車體損失險的保障範圍僅限於：車主在愛車遭受到碰撞、傾覆、火災、閃電、電擊、爆炸、拋擲物、墜落物等原因下，所造成汽車車體損傷。

所以車子因為颱風、豪雨造成的車體損害，因為保險內容僅止於第三人非善意的行為或是不屬於保險契約特別載明，純只購買汽車車體損失險的車主，就不能獲得一分一毫的理賠金。因此產險公司也推出不同附加險種，以供不同需要的車主們選擇。在「汽車第三責任險」部分，車主為了保障汽車所搭載的乘客，多會投保「汽車乘客責任險」的附加險種。不過自從強制險擴大實施後，買這種附加險的人就少了。

汽車相關的附加險種，分別附加於「汽車車體損失險」、「汽車竊盜損失險」與「第三責任險」三類主險中。「汽車車體損失險」中最常見，也是多家產險公司都有推出的，就屬「颱風、地震、海嘯、冰雹、洪水或因雨積水險」。

屬於「汽車竊盜損失險」的附加險中，以「零件、配件被竊損失險」最為常見。尚有產險公司推出「代步車或代車費用險批單」，特別針對車主汽車失竊後，必須租車或改搭其他交通工具的費用支出做理賠，但是這類保單通常會有最高金額與日數的限制。

---

❶ 聯合理財網 www.udnemoney.com.tw.

表 4　產險公司的汽車附加險

保險公司	車體損失險之特約保險				汽車竊盜損失險之特約保險		第三責任
	颱風、地震、海嘯、冰雹、洪水或因雨積水險	罷工、暴動、民眾騷擾險	免自負額批單	免折舊批單	零件、配件被竊損失險	代步車或代車費用險批單	汽車乘客責任險
中國航聯	有				有		有
友聯產險	有	有					
太平產險	有	有	有	有	有	有	
臺灣產物	有						
明台產險							有
東泰產險	有	有			有		有
第一產物	有						
統一安聯	有				有		有
富邦產險	有	有	有	有		有	
新安產險	有	有			有	有	有

資料提供：聯合理財網保險頻道（http：//ins.udnemoney.com）

第 3 篇

開源與節流技巧分析

1 銀行存款與貸款的技巧

　　人的一生與銀行是息息相關的，有了收入或手邊有了閒置的資金時，就會選擇適合自己理財的往來銀行，作為自己財富增加的開始，儲蓄是積蓄財富的開始，從薪資轉帳轉入銀行存款乃成為國人最常使用的一種儲蓄與理財工具，可見它確實與個人財富的目標達成有密切的關係。根據日本節流風記帳的方式，認為記帳是理財的第一步❶。經濟不景氣，為了達到自己的人生目標，長遠來看，記帳是一個不錯的理財規劃方式。日本財務規劃師北見久美子說，記帳基本可分為平日與特別日。東方人對於自己的錢財，多半不願和別人交換資訊，完全以自己的知識作決定，不願意記帳。有人則認為為什麼要把自己的生活壓迫的如此緊張，工作後回家還得記帳，覺得記帳是件苦差事，又要隨時了解股票、基金價格等市場動向，以及貸款和資產管理等，

❶民國 90 年 12 月 12 日，經濟日報 38 版。

實在是太辛苦了，人生苦短，來日無多，應即時行樂才是。家庭主婦如能隨時掌握最基本的日常收支明細逐筆記下生活的動態，其實記帳將有助於整理資料且利於資金的分類。現代人愈來愈長壽，為了能活得更有意義和餘裕，最好儘早養成開始累積正確資料的記帳習慣。所以，記帳是理財的第一步。善用銀行資源，讓銀行變成自己的理財高手，在需要的時候，才能得到銀行的支援，是人人都要學習的重要課題。

第一節　另類的銀行存款

一、開立投資型外匯存款有限制

一般性存款分為支票存款、銀行同業存款、活期存款、定期存款、可轉讓定期存款。

對個人，支票存款開戶規定如下：

1. 無行為能力、限制行為能力人不得申請開戶。
2. 拒絕往來未經解除者，不得申請開戶。
3. 必須向當地票據交換所查詢（退票資料查詢可分第一類、第二類）。

對於公司、行號、其他團體，支票存款開戶規定如下：

1. 公司執照、營利事業登記證、營業稅證明。

2. 分公司應以本公司之名義開戶。

3. 不具法人資格，應以負責人名義開戶，政府機關、學校、公營
事業必須以正式公文辦理，私校應備董事會授權書，至於盲人
則以代理人方式辦理。

銀行同業支票為金融同業調撥頭寸，委託解收及清算交換差額。
分成淺藍、淺黃、淺紅、淺綠四種顏色的支票，金額為 10 萬、10 萬~100
萬、100 萬~500 萬、500 萬以上四種。

活期存款每年 6 月 20 日及 12 月 20 日結息，500 元以上計息，以百
元為計息單位，個人、公司、行號、其他團體均可辦理。

定期性存款足月按月計息，不足月按日計息。如遇例假日於次日
營業日提取，按有單利率另給休假日之利息。又要申請存款的繼承只
要提示存款證明文件，死亡證明書（或除戶戶籍謄本），免稅證明書
（新臺幣 20 萬元以下免付，但仍要列入遺產總額內）。則就可以辦理
存款的繼承了。

可轉讓定期存單有以下的特性：定額發行、分離課稅、中途不得
提取、可自由轉讓流通、充當保證金、九成金額內質押借款、遺失可
轉讓定期存單比照票據掛失止付辦法。其面額有 100 萬元、500 萬元、
1,000 萬元、5,000 萬元、1 億元、5 億元、10 億元七種。期限分為一個
月期為單位（按一個月或其倍數發行），最長一年為限，有記名、無
記名兩種方式。存款利息規定活期存款按日計息，85 年 7 月 1 日起一
年利息改以 365 日計算。

　　票據掛失止付處理準則，根據財政部64年5月10日臺財錢第134376號函規定：匯票、本票、支票三種票據掛失止付，投資人必須通知銀行喪失經過、類別、帳號、號碼、金額、止付人姓名、年齡住所。公司必須負責人親自簽名，聲請公示催告證明；止付通知後5日內向付款行提出，否則止付通知失效。付款行對通知止付的票據立即查明有無存款或允許墊借票款，如有則不受理，止付人於公示催告期滿取得法院除權判決後，請求支付票據金額，以載明抬頭且禁背的支票支付。

　　銀行存款為金融機構的負債，其存款的種類有計付利息的活期存款、活期儲蓄存款、公庫存款及不計付利息的支票存款。投資人為某種目的必須申請存款餘額證明則要填申請書、蓋原留印鑑，如要英文存款餘額證明者只要加註英文戶名，截止日以申請日上一營業日為限，一般免收手續費，如銀行知道你是暫借頭寸以充驗資金之用時，大都會拒絕你，所以目的很重要。

　　但值得一提的是外匯存款，由於新臺幣的貶值，則可以鎖住強勢貨幣——升值的貨幣以避險。但不是所有的人都可以開立外匯存款投資，必須是在國內有居所，年滿20歲並領有中華民國身分證、護照或外僑居留證者，才可以開戶，它的性質與定存一樣，中途解約且未存滿一個月者，不給利息，存滿一個月以上，按存滿期別的原存款日牌告利率以單利八折計息，外匯存款的定期存款有存單及存摺兩種，但利息收入也和新臺幣定存相同一起併入全年新臺幣27萬元的免稅額度中。

　　善用銀行薪資轉帳帳戶，由於薪資轉帳是銀行對大額的客戶一種優惠利率，其利率可能和一年期定存利率相當或高於一年期定存利

率，再加上資金運用靈活，不受定存中途提前解約打折的限制，建議可將資金在低利率之時代轉入薪資活儲以增加利息收入，又需要用錢時，就可以解約增加其便利性。

二、投資型定存

　　銀行推出「投資型定存」是一種連結衍生性金融商品的定存，提供投資人高報酬的商品，比起股票、基金需要投資人自設停損點還算安全，存戶在利率低檔時可考慮承作。

　　所謂投資型定存分為匯率選擇權及股價指數連動兩種，投資人應衡量自身對投資目標的熟悉程度，承作天期也要同時考量。

　　如匯率波動較大，投資期間以3～6個月為最有利多，屬於短期操作、收益立見的投資。股價指數連動型定存多半需要一年以上時間，投資人應決定資金運用的期間，資金的流動性，以選擇合適的產品。否則中途退出不僅達不到預計的投資效果，又會損失一筆手續費呢！

　　投資型定存在一開始時就設定好遊戲規則，不似投資基金或股市投資人往往有惜售心態，故在不知不覺中造成的虧損愈來愈大。每一項金融產品未必適合所有投資人，慎選投資工具才能達到理財的目的。投資型定存其主要的精神在於定存本金可得到保障，而將定存的孳息用來投資各種選擇權，藉以獲取高於定存利息的獲利機會，又屬海外投資性質則可以免稅。但這種定存仍有風險，亦有虧損風險，目前在市面上推出的有歐元匯率美元定存，商品是指當歐元實體化形成，造成歐元漲勢看俏時，則可結合歐元匯率選擇權的美元定存。

　　如富邦銀行的「理財圓舞曲」、臺北銀行「加值型雙享受定存」、

中國信託銀行「雙元貨幣定存」、一銀投資型外幣定存等。產品期間有 6 個月或 3 個月，投入的金額有 2 萬至 10 萬不等。也不一定完全保本，如富邦銀行的商品有百分之百定存本金保障，且年收益期間在 0.2% 至 6% 之間，若存款到期時歐元對美元匯率到達 0.999 美元以上，則存款年收益率可達 6%，反之並未觸及 0.975 美元，則投資人的投資年收益率僅有 0.2%，收益會比一般的美元定存還要低。以下為理財圓舞曲：

《投資範例說明》

◎產品形態：富邦「理財圓舞曲」歐元匯率美元定存

◎外匯幣別：美元

◎定存期別：六個月

◎定存利率：2.0%

◎選擇權：歐元兌美元匯率

◎匯率標的：1.00

◎定存起息日：2001/11/20

◎定存到期日：2002/05/20
◎稅前利率：0.21%～0.21%
◎解約手續費：定存本金×0.9%

三、貴賓銀行 Private Banking [2]

　　根據統計，貴賓理財中心的客戶數過去 13 年來每年平均成長 44.6%，同時花旗銀行為這些貴賓客戶管理的資產也高達臺幣 2,000 億元，由於市場商機相當誘人，因此，其他外商銀行在臺灣設立分行據點後，也紛紛積極開發貴賓理財業務。

　　所謂 Private Banking，直接翻譯是私人銀行，金融界通常稱之為貴賓銀行，顧名思義，貴賓銀行當然是對貴賓級的客戶提供貴賓級的服務，所以有最低門檻的限制，對客戶也是服務到家，門檻大約是 300 萬臺幣以上，不過這部分所吸收的資金有限，透過國外分行，為臺灣客戶提供境外理財和資金調度服務的，才是真正的業務重心。

　　渣打銀行表示，雖然貴賓理財業務各銀行推出的服務大同小異，不過，對金字塔頂端的有錢人而言，節稅是首務之急。貴賓銀行為客戶在國外銀行開戶理財，各種投資收益在國內並無紀錄，無帳可查，當然就沒有繳稅的問題。透過這個方式，有錢人也不必再為如何規避贈與稅與遺產稅大傷腦筋。因此節稅，可以說是有錢大戶選擇貴賓銀行的一個重要因素，有誰願意捨此方式，在臺灣開立海外戶頭，將自己的財務狀況置於政府的可能監管之下？

[2] 王克敬，民國 91 年 2 月 10 日，中時晚報，第 30 版。

其次是安全，有些人對於臺灣的前途不太放心，擔心臺灣萬一有什麼動亂時提不出錢來，所以寧願選擇直接到國外開戶。是絕對不會因為政府一個小小的開放動作，就建立起對臺灣的信心方便，投資管道多元，貴賓銀行的財務顧問，會為客戶進行全球各種多元化的投資理財服務，以分散風險、獲取最大的利潤。不過現在國內准許販售金融商品相當有限，並不能滿足客戶多元化的理財需求。

貴賓銀行可以聯合開戶，夫妻、父子之間聯合開戶，提存方便，一些經常出國、打算移民、子女要出國唸書的人，較喜歡採用這種方式。貴賓銀行服務的對象本來是金字塔頂層的客戶，但是一位財務顧問表示，他的客人固然以企業負責人、電子新貴為主，但也不乏一般公務員和薪水階級，臺灣人的經濟實力實不容小覷。

目前國內貴賓銀行的客戶約為四、五萬名，而根據花旗銀行預估，臺灣可投資資產規模在 10 萬美元以上的家庭數為四十萬戶。由於一般客戶的獲利相當有限，在私人銀行未全面開放前，主要將客層鎖定在貴賓理財上，不但可提高獲利，更可發掘未來私人銀行的潛在客戶。

荷蘭銀行指出，推出貴賓理財服務的銀行，開放私人銀行國內備表、國外開戶，對於臺北分行實際的營運影響有限，因為這項手續費的計算仍掛在海外分行上。為了提高獲利能力，外商銀行如荷銀、花旗、匯豐銀行及渣打銀行等，國內銀行則以新銀行業者居多，如臺新銀行、華信銀行及富邦銀行等，至於原省屬行庫則較無明顯的業務推出，然不論各家銀行推出的貴賓理財，最基本門檻儲蓄戶需達 300 萬元臺幣的額度，或 10 萬美元則是大同小異，另外，提供專屬停車位，

提現免收跨行手續費，購買銀行匯票，國內外匯款或美金現鈔存提，
每月享有兩次或 1,000 元業務免手續費優惠方案等。

第二節　善用銀行周邊的服務

一、善用金融卡理財

　　現行卡片不論是金融卡或信用卡，皆強調卡片多用途，如華信銀
行、華信安泰信用卡公司與萬事達國際組織聯合推出「MMA金融信用
卡」，首創國內第一張結合金融卡、信用卡及投資理財功能的卡片，
持卡人可拿來進行匯款、轉帳也可雙重使用於信用卡，尚可享受先刷
卡後付費，如預借現金後付款的便利，更可依個人享有投資基金、享
受紅利加倍、紅利換現金等多元金融服務。

　　以下舉例多家銀行所推出的信用卡，仍以簡易借貸功能為訴求，
信用卡借錢，其預借現金額度在五成以內，恐怕已不能滿足持卡人需
求。因此，部分銀行如中信銀、玉山、誠泰、就針對持卡人推出簡易
型貸款，持卡人只要傳真通過審核就可取得貸款，還款也可以用信用
卡來還款喔！見表 5 所示。

表 5　多功能卡片一覽

發卡銀行	華信銀行	聯邦銀行	萬泰銀行	台新銀行	大眾銀行
名稱	MMA 金融信用卡	X Cach 金授卡	喬治瑪莉卡	YouBe 金融卡	A 現金卡
性質	兼具 MMA 理財帳卡功能的信用卡	100%可全額預貸現金的信用卡	100% 可全額預支現金的透支卡	100%可全額預支現金的透支卡	100%可全額預支現金的透支卡
年利率	18.9%	14.88%	18.25%	18.25%	前3個月0利息，第四個月起 代償：13.9% 一般：18.9%
申請方式	通信或分行辦理	通信辦理	需親自至萬泰銀行全省分行辦理	在 YouBe 無人契約機制辦理，僅須30~40 分鐘現核發卡	需親至大眾銀行全省分行辦理。
額　度	可彈性動用信用卡的理財額度進行投資，額度最高可達130%	在沒有其他東西擔保下額度最低 3 萬最高9萬	1~30 萬元	2~30 萬元	1~30 萬元
適用對象	有理財需求的信用卡持卡人	臨時有現金週轉需求者	臨時有現金週轉需求者	臨時有現金週轉需求者	臨時有現金週轉需求者

資料來源：各銀行

二、善用自動櫃員機（ATM）

銀行近來鼓勵客戶減少臨櫃次數，改用ATM、電話及網路銀行等機器設備。根據國外的調查資料顯示，使用臨櫃服務的成本是每件1.07美元，電話銀行只需0.054美元，ATM及網路銀行更低，分別只要0.027與0.01美元，單從成本考量，銀行不得不誘導民眾多利用機器設備了，以減少手續費支出。所以，銀行運用了很多獎勵或獎金，其目的就是鼓勵客戶減少臨櫃次數。善用網路SSL預約繳納日常費用，或利用ATM繳交信用卡費用，均由發卡銀行代為支付跨行轉帳的18元手續費是很划算的。

三、善用網路銀行交易

在不景氣下，投資人更要斤斤計較，買基金可以利用電話或上網的方式，如此則可以輕輕鬆鬆的理財，不但手續費低廉，而且可以省下搭車前往的計程車或交通費用，只要是帳戶內有餘額，銀行會自動到指定的銀行帳戶中作扣款動作，可說是省時又省力。

同時，若能以 e-mail 取代電話，在網上搜尋好用的二手貨或上網繳交日常費用或信用卡費用，同時，也能免除因忘記繳款而被罰款的風險。

所以，在不景氣時，要隨時記帳，作資源的分配及資金的有效規劃，另外就是要再學習新資訊技巧。記帳可以真正的控制預算，在資源分配上尋找最有效率的投資，而在學習上更是要多利用時間充實自己。它是一項自我投資，看似在多花錢，實際上是增加自己的價值與

第一章　銀行存款與貸款的技巧

技術，如上網學習就能為自己省下不少的資金呢？

四、善用免費的理財軟體或專業投顧健診

在網路搜尋欄中只要打入「基金排名」，就可知道目前基金的情況，而非等到收到對帳單才注意到基金的投資報酬率，善用網路的便利性，就不會錯過了獲利或停損的時點，在投資過程中沒有絕對的勝算，放長線未必都能釣大魚，唯有隨時定期檢視手中的投資組合，才能立於不敗之地，也才能使個人理財的功力快速升級。

五、銀行付偽鈔可以索賠嗎？❸

如果民眾在銀行領到偽鈔，應該怎麼辦呢？銀行主管指出，民眾若從金融機構拿到偽鈔，可在舉證後向原屬機構索賠。最好在ATM錄影裝置前一張張的清點，如果有發現疑似偽鈔時，請將該鈔票號碼對準錄影機以錄影存證；同時立即向銀行櫃臺反映並提示該偽鈔，說明提款時間、地點、以便銀行進行查證。

❸民國90年10月24日，經濟日報42版，從中央銀行可以看出表6偽鈔的辨偽方式。

表6　鈔票辨偽方式

辨偽技巧	內　　　　　容
上下左右銜接圖文	將鈔券上下或左右捲摺，圖文可以精確銜接。
盲人點	手觸摸可感覺凸起的印紋，提供盲胞或弱視者辨識用。
浮水印	把鈔票拿起來，迎光透視，1,000 元可以看到菊花及浮水印，500 元是竹子，100 元是梅花。
變色油墨	輕輕轉動鈔券，1,000 元鈔券「1000」會由金色變成綠色，500 元的「500」和 100 元的「100」會由紫紅色變綠色。用手觸摸則會有凹凸的感覺。
正反面套印	正背面梅花圖案，迎光透視，可以精確組合重疊。
變色窗式安全線	輕轉鈔券，1,000 元、500 元及 100 元的安全線都會由紫變成綠色，並各有「1000」、「500」、「100」字樣。
隱性螢光纖維絲	靠螢光燈輔助，鈔券在螢光燈照射下，整張鈔券會顯現紅、藍、綠三色的螢光纖維絲，紅色號碼會呈橘紅色。偽鈔在紫外光照射下，則沒有紅、藍、綠螢光纖維絲，紅色號碼也不會發色。
凹版印刷	真鈔主要圖文為凹版印刷，用手觸摸可感覺墨紋凸出紙面，但偽鈔是平版印刷，以手觸摸並無墨文凸起的感覺。
隱藏字	以 15 度角迎光檢視，右下圖文會浮現「1000」、「500」、「100」字樣。
微小字	用放大鏡檢視可見「THE REPUBLIC OF CHINA」連續字樣。

資料來源：中央銀行

第一章　銀行存款與貸款的技巧

第三節　如何與銀行打交道

　　景氣不佳，如何去提高自己的信用評等，與最會「晴天開傘，陰天收傘」的銀行婆婆打交道，可得先評估自己的份量，才能讓銀行婆婆樂意借錢給您。例如，你現在預計年收入是多少？想買何種價值的房子，當貸款人向銀行申請房屋貸款時，銀行的授信人員可能會先評估您的償還能力，及信用是否有過於擴張現象，還有你的家庭狀況，收入與支出情況，是否有能力負擔銀行的利息。所以，個人的信用不可過度擴張與使用，這就是為什麼大企業不願意將他可以支借的財務槓桿能力全部用盡。俗語云：善用財務槓桿，借力使力，但如果一旦用盡所有的借款能力，將會形成在調度資金時，企業沒有財務彈性，反而被銀行婆婆牽著鼻子走呢！

　　銀行可透過聯合徵信中心的紀錄了解借款者在每一家銀行的往來與債信情形，如果，自己的個性隨和，在人情攻勢下申辦了多張，免年費、送獎品的促銷信用卡，即使剪卡寄回，但沒有辦理註銷仍會在聯合徵信中心的資料中留下紀錄。所以，要增加你的信用評等，尤其是在現在不景氣的時機，跟銀行婆婆打交道就愈是要謹慎小心，想要與銀行建立良好的互動，必須先建立良好的往來實績，這其中包括了各類存款、貸款、信用卡等，最好成為某一家銀行的終身客戶，繳息正常，都能提高個人的信用評等。另外，影響信用評等的尚有信用卡的使用狀況，信用卡重質不重量，為了人情壓力而隨意申請信用卡，

之後再剪卡作廢這種情形，已在浪廢國家資源，一般信用卡張數以三張為宜。當然，除了以上的條件外，這些評等的條件尚包括是否結婚、配偶有無工作、扶養親屬多寡、學歷、工作年資、擔任職務、甚至有沒有幫人作保、信用卡有幾張等，都是被列入評等的條件。

　　現在，您是借款人，開始推算可以向銀行借到多少錢呢？假設一個五口之家每年收入為180萬，每人每年的平均開銷為18萬元，一年的總支出大約要支出90萬元，尚有90萬的借款實力。如果其他非規則性的支出不計入，則借款實力為90萬元；其計算過程為180萬元減去90萬元，把90萬元除以12個月，代表一個月約可能負擔7.5萬元的利息支出，以 5%的貸款利息來推估，則您的職業又是屬於不受景氣影響的公務員、醫生、老師、律師等，當然「師公」們貸款還可以再加分，代表貸款的成數也會相對的提高，如此，推算下來則可以貸款1,800萬左右。則申貸房地產的貸款成數如果是六成左右，則能夠買到多少價位的房子呢？答案是3,000萬元房價的房子。

　　你自己不妨可以利用這種方法，彈性套入全年的年收入，扣除總開銷數字，計算自己在未來可以買多少錢的房子，才不會跟期望的理想相差太多，而造成財務吃緊，財務缺乏彈性，以致影響生活品質。

　　由於銀行業競爭激烈，投資人與銀行往來時必須常常打電話多詢問多爭取。當利率下跌時，就得主動詢問貸款利率是否有下降，多問、多比較和多主動與銀行往來是快速取得貸款與降低貸款利率的不二法門。❹

---

❹民國90年10月17日，經濟日報42版。

第一章　銀行存款與貸款的技巧

只要是繳息正常的客戶銀行多半一次會調降1～2碼，投資人在轉貸時必須考慮轉貸成本，如塗銷、重新設定、代書費與違約金等，如果評估轉貸所節省的成本有限，則要經常向原銀行要求減碼，雖然承辦行員時有調動，仍要半年向原銀行要求一次，其累積的成果可能會比轉貸成本要高呢？

第四節　新式支票存款規定

一、新式支票存款規定

臺北市票據交換所、聯合徵信中心、銀行公會、中央銀行等單位，針對票交所與聯徵中心提供的退票拒往資料期限問題達成共識，未來票交所與聯徵中心提供查詢的拒往、退票、清償註記等資料，統一為三年以內，現行聯徵中心與票交所資料提供期限有不一致的情況，可望大幅改善。

票信新制上路，票交所提供三年內退票、拒往、清償註記紀錄，但是聯徵中心仍提供六年、甚至更久的退票拒往紀錄，由於新制實施後，退票戶可以在三年內藉由清償註記取消拒往身分，但聯徵中心提供的資料往往年代久遠，無法將已解除拒往充分揭露，造成金融機構查詢時，對客戶有所誤解，未來聯徵中心將比照票交所，提供三年內的退票清償註記資料，雙方統一查詢期限也一致。

二、電腦退票規定

退票的處理採電腦退票，依不同作業地區退票理由單有的採三聯式，有的地區為四聯式，退票理由單以代號鍵入，代號分別如下所示：

01 存款不足

02 存款不足及發票人章不符

03 存款不足及票據經掛失止付

04 存款不足及拒絕往來戶

05 存款不足及終止契約結清戶

06 更改發票日期後重行提示存款不足

11 發票人簽章不符

12 擅指金融業為擔當付款人

13 本票在提示期限經過前，經發票人撤銷付款委託

21 記名票據未經受款人背書或受款人背書不全、不符

22 記名票據禁止背書轉讓經轉讓

23 記名票據受款人背書不清

24 支票未到票載票日、本票及匯票未到到期日

25 支票發票日期已滿一年

26 未經發票人簽章

27 更改處未經發票人照原留印鑑簽章證明

28 字經擦改

29 金額文字不清

30 經掛失止付

31 掛失空白票據

32 提示期限經過後經撤銷付款委託

33 終止擔當付款契約

34 拒絕往來戶（轉入「其他應付款」之餘額足敷）

99 其他（應記載具體退票理由）

申請註銷存款不足退票，每筆手續費 150 元，違約金 200 元。

2 共同基金投資技巧

共同基金在我國正式名稱為「證券投資信託基金」，在美國通稱「共同基金」（mutual fund），在英國則稱基金為「單位信託基金」（unit trust），其主要的投資標的有股票、債券、短期票券、房地產、黃金、期貨和選擇權（options）等等。

第一節　共同基金的種類

一、依發行方式區分

可分為封閉式基金及開放式基金兩種，前者的發行總金額固定，當發行期滿或已達到預定的規模時，基金即封閉，總持分不再變動，投資人只能持有受益憑證透過證券經紀商在交易市場買賣，不可直接

要求基金公司贖回，其買賣的過程如股票買賣一樣，價格由市場的供需決定。例如集中市場掛牌的基金。

後者為開放式基金，則發行的總金額不固定，其發行的持分總額會隨投資人的買賣而增減，投資人比較偏向開放式基金，因為投資人可以隨時按當時買入每單位基金的淨值（net assets value，簡稱 NAV）向基金經理公司買進或贖回受益憑證，可以全數贖回，也可以部分贖回，非常適合投資人的喜好，也是未來的趨勢。例如海外基金、債券基金皆屬開放式基金。茲將兩者的比較分述如見表 7。

表 7　封閉式與開放式基金的比較

項　　目	封　　閉　　式	開　　放　　式
發行受益權單位數	固定不變	可變動
變現方式	在證交所上市，投資人委託經紀商買賣，以市價成交。第三天收到現金或支票。	直接向經理公司申請買回，以單位淨值成交。五天後收到現金或支票。
買賣價格	由市場決定，其價格可能高於 NAV（基金淨資產價值），也可能低於 NAV，但前者居多。	即為基金當時的單位淨值 NAV。
發行後買賣費用	買入手續費 0.1425% 賣出手續費 0.1425% 證券交易稅 0.1%	買入手續費約 2%～5% 賣出手續費約 1%
基金可投資比例	資金可 100% 全部投資	須保留部分現金以滿足投資人變現贖回的需求。

資料來源：NAV 為基金淨資產價值，共同基金所有資產減去所有負債後的餘額。

二、依投資目的區分

　　共同基金依投資目的來區分，大致可分為成長型、收益型及平衡型三種。成長型基金著重高獲利，故大多將資產投資於股市。收益型基金則強調帶給投資人是固定收益的報酬，多半投資於固定收益的債券或票券。平衡型基金，則是介於成長型與收益型之間，其資金分散在股票、債券、票券，同時考慮風險與收益的平衡。

三、依投資地區區分

　　可分成全球型基金、區域型基金及單一國家基金三大類。全球型基金以全球金融市場為投資對象，其分散風險能力最大。區域型基金投資在特定區域，如亞洲基金，拉丁美洲基金、東南亞基金等投資在全球或世界各地，也包括新興市場，區域型基金可藉由多角化而分散風險。單一國家基金是以特定的國家作投資標的，如香港、日本、泰國，馬來西亞等國家，故單一國家基金風險集中，分別以表8說明之。

表 8　基金的種類與特色

基　金　種　類		特　　　　色	相對風險
地區別	全球性	以全球金融市場為投資對象。	低
	區域性	以特定區域內各國為投資對象。	中
	單一國家	以某特定國家為投資範圍。	高
投資標的別	債券基金	主要投資標的為各類債券，如政府公債、公司債等。對股票投資比重有一上限規範。	低
	貨幣市場基金	投資於貨幣市場工具。	低
	平衡基金	投資標的涵蓋股票及債券，契約明訂投資比重。	中
	指數基金	基金與股價指數同為投資目標。	中
	貨幣基金	以各國貨幣為投資標的，賺取匯兌利益。	高
	股票基金	主要投資標的為股票。	高
	特殊產業基金	以特定產業為投資對象，易受個別產業景氣循環影響。	高
	認股權證基金	利用認股權證之高財務槓桿特性，以求取高報酬率。	高

四、其他基金

　　金融市場最熱門的莫過於避險基金（hedge funds），拋開避險基金特有的企業形態，財務揭露與主管機關監督管制的程度，以及對其定義上因不同的認知角度而產生不同的方法主張等不談，避險基金過去優異的操作績效確實令人好奇嚮往。但鼎鼎大名的索羅斯及 LTCM 將避險基金捅出了超級大摟子，急得全球的央行總裁寢食難安，國內的

報章雜誌為文評論。這些評論對於避險基金或多或少都有一些誤解。

1. 避險基金

避險基金的原文是 Hedge Fund，或譯對沖基金。此一名詞的來源是 1966 年 Fortune 雜誌上的一篇文章，作者 Carol J. Loomis 對於 A. W. Jones 在美國股票市場中作多被低估之股票，同時放空被高估的股票的操作策略，以 Hedge Fund 一詞來形容其策略。Hedge Fund 已被廣泛的形容一種有別於傳統投資方式的基金。

不論各種類避險基金所冠上的名稱是什麼，如期貨型、外匯型、利率型等。操作方式都不外兩大原則：⑴基金經理人以專業判斷，挑選出於一段時間之內將有特殊價格表現的股票；⑵形成投資組合，其內容必須能符合「有所為，有所不為」之特性。有所為指的是儘量以槓桿操作放大預期報酬且有顯著報酬的股票之投資比重；有所不為指的則是對上述股票以外，基金經理人不具特殊看法則採取中和（neutralized）之投資比重，意指其他股票投資比重為零。如此一來，當基金經理人的判斷正確，而該類商品價值相對上漲時，基金之績效自然能大幅揚升，即使此時市場整體而言處於下跌的狀態，基金仍能處於不敗之地。

問題出在於 Hedge 這個字，因為有些 Hedge Fund 並不作 Hedge 的動作，或是說他們的 Hedge 方式相當隱晦，不容易解讀，而且其效果與人們傳統上對 Hedge 的定義有所差距。故有許多人士即嘲諷避險基金根本不是避險，而是冒險。

很多人認為避險基金的交易策略是在作套利交易，事實上套利

（Arbitrage）這個名詞在財務專業領域裡是有嚴謹定義的，避險基金的操作並不符合嚴格的套利定義。我們可以稱其為價差交易（Spreading）。

　　廣義而言所有的交易者皆可視為在尋求價差，那麼這與避險基金有何差異呢？差別即在於風險。避險基金是在一個相對較低風險狀況下進行價差交易，因此在相同的預期報酬下，避險基金的 RAROC 較高。避險基金的操作策略，就是「在自由市場中，尋求市場非效率性所導致的錯誤訂價」。例如假設中華汽車公司新車銷售大賣，和泰汽車公司的新車卻反應不佳。此時，某個避險基金經理人在 65 元買進一張中華車，45 元放空一張和泰車。如果大盤上漲，中華車由 65 元漲到 70 元，和泰則由 45 元漲到 47 元；反之，若大盤下跌，中華車由 65 元跌到 63 元，而和泰則由 45 元跌到 40 元。則不論股市大盤方向如何，這位經理人都賺到了 3 元。避險基金經理人認為中華汽車的股價相對於和泰汽車而言，應該是較為強勢，因此透過一多一空的操作，他就可以從中獲利。當然，若是這兩檔股票逆勢而行，避險基金就軋慘了。避險基金也有失手的時候，但他們的風險機會比一般共同基金要小很多。

　　「共同基金」是以基本分析及技術分析來選股，以投資組合來分散風險，共同基金的資產是股市中的股票，資產價值上揚後，本身的價值也會上升；避險基金是以數學及統計的方式來選標的股票，以多空雙向操作來分散風險。會陸續出現避險基金鉅額虧損的消息，最重要的原因在於大量運用衍生性商品及財務槓桿，因此一出事其財務效應則是倍數擴散。

　　當今避險基金以投資組合理論中的多因子模型應用於資產管理的

公司為數眾多，有些公司使用總體經濟變數如利率、工業生產成長率、與通膨率等做為投資組合因子，抑或合併財務變數與個股之產業屬性為投資組合因子；也有些公司專精於以統計方法，由股價資料中萃取出若干解釋獲利因子來評估。不論所運用的因子究竟為總體、財務、產業或統計分析，最終的目的皆為了適當分散非系統風險中可歸因於影響的部分，與個別資產特有的系統風險，以利於掌控投資組合之行為，更可提高風險管理的績效。

2. 指數基金

指數基金（Index Funds）屬開放型基金，為被動性操作，主要目的在於建構一個報酬型態與擇定之標的指數形成完全一致的投資組合。指數基金的個數在各主要資本市場有迅速增加的現象，主要的理由顯示：積極性操作的共同基金平均的獲利表現較標的指數基金有稍後反應現象，如臺灣股市之封閉式基金價格常會出現落後於大盤的現象。造成在監督管理上更為複雜，容易產生代理問題，故投資人轉而選取目標明確、操作單純的指數基金，只要股市表現良好，則指數基金自然也會水漲船高，帶給股資人應有的報酬。指數基金的應用作為投資工具外，也常是對市場發展嗅覺敏銳者據以進行指數套利（Index Arbitrage），當指數的期貨與現貨出現異常價差時，套利者就可建構指數基金以模擬指數現貨，並藉同時反向操作期貨與指數基金以獲取確定之利潤。

臺灣第一個指數基金是由中信投信公司，在民國83年5月於倫敦掛牌交易的中信指數基金，資金來源為臺灣及海外的資金，投資於臺

灣股市,目標與臺灣證券交易所股價加權指數同步表現。指數基金的操作技術有兩類:(1)依樣畫葫蘆式;(2)分層抽樣式。前者僅依標的指數中各股票的投資比例照單全收,再定期對除息、除權或加入退出之成分股調整權重,操作上較為單純,如臺股指數的 400 支成分股,則調整頗為繁瑣。後者則秉持同類型股票將有相似的系統風險,對指數進行特性分析,如各產業之投資比重,或各規模的股票投資比重,然後,先從比重的分配選取少量股票以為代替,所希冀是保留標的指數的特性,而能在往後與指數有同幅之漲跌。

3. 特色基金 (Style Funds)

其操作上十分單純,投資組合能確實掌握關鍵性個股,也能創造豐碩的成果。舉例說明:假設歷史資料顯示:市值低於新臺幣若干億元以下的公司都有絕佳的平均報酬率,故基金公司會積極促銷此類有特色的小型股基金,或積極促銷半導體特色所建立的基金。當推出後,如果小型股的熱力持續放送,基金當然有搶眼的績效表現。

基金除了具備小規模公司特色之外。還可以兼有低本益比及高盈餘成長率特色等,更能彰顯基金公司紮實的分析能力,與數量模式之運用技術,充分萃取具顯著績效的股票作為搭配的依據。故特色基金僅做局部性的績效因子,但缺乏整體的考量與精確的個股權重計算。也難保證其把握低本益比及高盈餘成長率特色的股票往後發展方向會持續而不會逆轉。故雖能享受所運用的少數股票的助力,卻仍難保不受其他因子的影響而表現欠佳。

第二節　共同基金投資技巧

　　選擇適合自己的基金，不是人云亦云，也不是到處打聽明牌，應先考慮自己投資的目標，投資的目的是為了子女教育基金，或作退休準備，或為避免臺幣貶值，或為分散投資風險，或為了節稅用途，或因投資的心態趨於保守。從不同的目的，找出自己最適合的組合。為了退休做準備應選擇債券型基金，為了節稅目的則應選擇海外基金或不配息的國內開放型基金。若避免新臺幣貶值，則應選擇以強勢貨幣計價之海外基金。在購買「共同基金」時，應注意的事項如下：

一、蒐集各地的投資標的基金訊息

　　訊息的蒐集可以從專業報紙、雜誌、網站或基金的公開說明書得知基金的操作績效與風險，及投資組合的型態。除此之外，更應了解基金的規模、歷史、旗下經理與基金數目，經理公司過去的長期績效，是否在全球市場有分公司，其情報與資訊的取得如何？另外則是保管銀行的聲譽及查帳會計師的業界名譽。

1. 基金規模大小

　　基金規模大，基於投資組合分散理論，較能分散投資風險，也較能負擔昂貴的研究費用；但基金規模過大，其操作的靈活度可能不足，則易形成一旦股市行情反轉，投資人大量贖回基金，不利股票的

進出。

2. 認識基金經理人的專業

操盤經理人的學識、經驗、背景、能力、過去的操作績效與操作風格，均會影響一檔基金的績效。如該檔基金經理人換人，則必須去深入了解其中的原因，且評估是否繼續投資或辦理轉換或贖回，該項資訊均可透過該基金的簡介或080的電話查詢。

3. 了解基金本身的風險及操作績效

基金的風險可以採標準差、β係數與夏普（sharp）指數的數據來衡量。標準差是衡量在一段期間（一年）基金淨值波動的幅度，如標準差愈大則代表該檔基金的投資風險愈大。β係數是以基金本身投資組合的漲跌幅度與整體股市指數的漲跌幅相比較，而求得數值，如β係數大於 1，表示基金的投資組合的波動性大於整體股市，反之，則小於整體股市。夏普指數是將基金在某一期間的報酬率，減去無風險證券的報酬率，再除以投資基金標準差，所得的數值，夏普指數愈高代表操作績效愈好。

二、考慮自己的所得、承擔的風險能力及年齡

如所得高、承擔風險能力強且年齡較輕，則可買進單一國家成長型的股票基金作投資。反之，對於將退休之養老投資人，可考慮收益型或平衡型基金。

理財與生活

三、考慮投資共同基金的方式

1. 單筆投資

　　先分析投資地區的景氣與產業變動，然後選擇適當時機，合適價位及大筆資金作一次大額買入，可透過銀行的「指定用途信託資金」投資，或透過向基金公司下單買進。在買進的同時，也同時要詢問贖回的管道，是否是同一銀行或同一基金公司可以贖回。

2. 定期定額投資

　　基於分散買點的投資心態，不論市場行情如何？於每個月固定日期投資固定金額於某一檔基金的投資方式，則在平均成本投資法的效果下，其風險相較於單筆的投資來得小，相對的其利潤也不比單筆投資來得大。

3. 定額不定期投資

　　尚有定額不定期基金投資法，如果你是一個投資基金的內行人，在單筆及定期定額兩種申購方式之外，還有一種「定額不定期」的投資策略，所謂的定額不定期的投資人，是指手邊每次累積到一筆資金後，選擇在資金淨值來到相對低點時，同時市場訊息有助淨值價格走揚時進場布局，這些時間點除了股市或債市行情低迷時會出現外，通常股票型基金除息、債券型基金配息後一至兩天間，基金淨值會略為走低，此時是技術性逢低買進的時候。

第二章　共同基金投資技巧

四、基金投資十大安全守則[5]

原則一：平衡分散基金的資產組合內容

原則二：選擇平衡型或資產組合基金以降低波動程度

原則三：注意債券型基金的信用風險

原則四：投資強勢貨幣區域的基金

原則五：選擇流動性佳的基金

原則六：避開週轉率高的基金

原則七：選擇績效較為穩定的基金

原則八：擬定定期定額計畫投資股票型基金

原則九：長期投資還是要設停損點

原則十：選擇產品線廣的基金公司

第三節　購買共同基金實例說明

一、共同基金申購的注意事項[6]

1. 海外基金的申購

申購人可以攜帶身分證、印鑑至代銷銀行的海外基金窗口，指定

[5] 民國 90 年 3 月 1 日，錢雜誌，第 173 期。
[6] 黃建森等著，生活與理財，國立空中大學。101～104 頁。

購買海外基金，不論是股票型、債券型或平衡型的海外基金，簽立信託契約後，即可繳交申購款及手續費，海外基金手續費比國內基金的手續費貴，銀行將簽訂的契約傳真至信託部，過 3 天後，就可以收到銀行給予的信託憑證及相關文件。

　　海外基金有以美元計價，或日幣、馬克計價，不過大部分均是強勢貨幣。其計算的方式如下：投資 30 萬臺幣欲購買以美元計價的海外基金（假設手續費另計，當日美元兌臺幣匯率為 33.33，申購手續費為 2.5%，此海外基金當日每單位淨值為 41.33 美元），則申購人必須拿出 7,500 元的臺幣手續費，可以買到的基金單位數為（300,000÷33.33÷41.33＝217.781）單位。如果以日幣、馬克計價的海外基金其計算的方法一樣，而收到銀行的信託憑證，在信託憑證上會列示淨值、單位數及當日的匯率。

2. 國內及海外基金的贖回

　　當投資人需要運用資金，或是為了獲利了結，而要提出解約的申請時，可以攜帶身分證、印鑑及原信託憑證，也就是保管單向投信公司（國內基金）、代銷銀行（海外基金）辦理解約。提出解約的申請時必須繳交管理手續費，銀行會要求投資人繳回信託憑證或保管單（受益憑證），在辦理贖回時，國內基金大約是 3 個營業日，國外基金則需要 7 至 10 天的營業日才可以取得贖回的款項，贖回的款項將一次匯入投資人指定的帳戶。

　　目前國內銀行已考慮以外匯存款作為投資基金的方式，可直接向海外基金公司下單申購海外基金，且以外幣贖回，並將款項匯至投資

人所指定的帳戶，如投資人投資開放式基金，當時申購手續費為 2.5%，
贖回時不必繳交手續費的情況下，投資 500 萬元購買此開放型基金，
當日單位淨值為臺幣 12.73 元，且於當年的 12 月 5 日辦理贖回，贖回
日之淨值為臺幣 16.73 元，則投資人的獲利與投資報酬率如下：

① 5,000,000÷12.73=392,772.89 單位數

② 5,000,000×2.5%=125,000 手續費外加

③ 5,000,000+125,000=5,125,000 投入成本

④ 392,772.98×16.73=6,571,092

⑤ 6,571,092－5,125,000=1,446,092 獲利金額

⑥ 1,446,092÷5,125,000=28.22% 投資報酬率

　　如果是海外共同基金，則必須再考慮幣值的轉換，而且海外共同
基金第一年大多免收信託管理費，第二年以後的信託管理費也必須列
入投資成本。

3.共同基金的配息與轉換

　　代銷銀行對於有些海外共同基金有配息條款，則採用現金發放股
息，每年分配一次，則轉入指定的帳戶。

　　如果共同基金的投資績效不佳，或是基金經理人更換，則可以考
慮以贖回的方式轉換至更有潛力的共同基金，只要考慮清楚，攜帶身
分證、印鑑及原信託憑證向投信公司或代銷銀行辦理，作轉換時，必
須加收一個轉換手續費 500 元，但必須是同一家基金公司所發行的基

金，代銷銀行將舊憑證收回即可取得新的信託憑證或保管單。

如果投資人想將原有全部的A基金，轉換至同一家基金公司所發行的B基金，他向代銷銀行辦理，取得新的受益憑證。如B基金當時的單位淨值為25美元，以美元計價，A基金的單位淨值為40美元，原單位數為255.12單位，則代銷銀行外加轉換手續費新臺幣500元整，則轉換B基金的單位數為408.192單位。其計算過程如下：

---

① 255.12×USD40=USD10,204.8

② USD10,204.8÷USD25=408.192 單 位 數

4.海外基金的安全性

投資人投入相當的資金，可是手中拿到的只是一張基金公司的受益憑證，如何去了解所投資的基金公司是合法公司還是非法吸金集團，也是一件很重要的課題。如果是非法的投資公司以高利誘人，其實存在的風險是相當大的，故在投資基金時，投資人可以向證期會查證核准文號，因為只要是經財政部證券暨期貨委員會核准通過上市的基金，在臺灣市場是百分之百的合法，但未經核准文號的基金，不見得全是非法基金。現在利用網際網路（Internet）透過電腦進入家庭中的電子信箱，在網路上販售基金，如果投資人誤信以致沒有作好資料蒐集的工作，很容易造成血本無歸。任何基金的投資，投資人都要有自負盈虧的打算，對於「保證獲利」的金融商品，投資人在購買時必須要有合理的懷疑。

5.每月要檢視基金淨值

　　不論你是用何種方式來管理自己的基金，最重要的是要定期花時間了解基金情況，掌握市場脈動，並與同類型基金及投資目標做比較，了解基金未來的動向，成為真正基金的贏家。基金是要放長線才有投資效益，尤其是定期定額投資，專家大多如此告之，但是，錢擺在基金專戶，並不是穩賺不賠。除信任專業的基金經理人的操盤能力與績效外，投資人若未能適時轉換或贖回手中的基金，錢未落袋，都不算是真正的獲利。所以，不論是保守型或積極型的投資人，都必須設有停損點，一但情況不對，一定要出場，絕不戀棧；達到預期報酬率時，也應立即獲利出場，休息後有機會在俟機進場。

　　投資國外基金，必須積極關心國際間的市場變化及各國的政經情勢發展，從報紙、網路或基金公司定期公布的基金每日淨值了解淨值的變化情形，但如果是全球性經濟不景氣或尚無法擺脫金融風暴的威脅下，投資人以向下攤平的方式，持續買進日本基金作長期投資，就是不正確的理財方式。從日本基金轉換成區域性的歐洲基金，以為可能會反敗為勝，其實也非明智之舉。

　　投資人事先若未先規劃基金的投資組合，而將所有的資金押在過去投資報酬率極佳的積極型基金，但並不表示該基金未來仍是個會下金蛋的雞，而忽視了保本型的貨幣基金，所以，一旦遇上了金融風暴，同時投資標的也未作適時的調整，則可能造成巨額損失。由於現代人工作忙碌且壓力大，能撥出時間專心理財的人並不多，一則可能缺乏專業素養，判斷錯誤，二則精力、時間有限，故投資理財大多轉

向購買基金的趨勢，但仍要隨時注意基金的淨值變化，而非像定存一樣，買了就放在那裡，而白白讓辛苦賺來的銀子縮水了。

6. 申購海外基金應注意事項

投資人申購海外基金時，一定要記得攜帶身分證和印章，親自在各銀行規定的營業時間內到銀行辦理申購。申購時以銀行公布交易日之申購價格（Bidprice/NAV）買入基金，最低投資金額一般為新臺幣 5 萬元，定期定額為新臺幣 5,000 元即可辦理，申購手續流程如下：

1. 攜帶身分證、印章。
2. 至各海外基金承辦之基金櫃臺。
3. 選定海外基金投資標的。
4. 一般（整筆）信託定期定額信託。
5. 訂立信託契約。
6. 繳付投資款項及手續費。
7. 取得信託憑證（或保管條）及其他相關文件。

第四節　基金績效評比的指標

共同基金績效的好壞，將直接影響未來的投資報酬，除了報酬率與排名外，尚有以下各種指標來評比績效。

相關投信投顧工會網站❼（http://www.sitca.org.tw/的評比資料，報酬率與排名）報酬率代表基金的絕對績效，隨著評估期間的長短可分為一個月、三個月、六個月、一年、二年……等。排名代表基金的相對績效，也可以透過排名看出相對於其他基金就該檔基金績效表現。

以上兩者指標仍未考量未來的投資風險，於是有貝他值（β）、夏普指標來評比績效。夏普指標（sharpe Iudex）是經風險調整後的績效指標：

例如：甲基金的年平均報酬率為 8%，標準差為 2.45%，一年期定存為 2%。

乙基金的年平均報酬率為 12%，標準差為 7.35%。

以夏普指標來衡量績效，甲基金夏普值為（$8-2$）$\div 2.45 = 2.45$

乙基金夏普值為（$12-2$）$\div 7.35 = 1.36$

故甲基金的績效優於乙基金，因為考慮了未來投資風險。貝他值（β）：投資風險可以分為非市場風險（公司或產業的特有風險）及市場風險（總體環境的風險），β值主要是一衡量基金報酬率之市場風險（系統風險），β值愈大代表基金報酬率受大盤漲跌的影響愈大，受市場行情的影響愈大，市場風險愈高。例如：某基金值為 0.5，代表大盤上漲 1%將會帶動該基金上漲 0.5%，因此，股市多頭時應買進β值較大的基金，因為該基金的漲幅將會超過市場的漲幅。反之，空頭時則應

❼ http://www.sitca.org.tw

該選擇 β 值較小的基金。

第五節　善用投信基金網站的服務❽

　　目前國內前三大投信公司之一的群益投信運用網路下單，提供三大服務如投資理財資訊、交易委託及帳戶管理三部分，由於網路下單的服務投信公司還包括元大投信、荷銀光華投信、怡富投信、保誠投信、建弘投信、復華投信等，網路上的內容琳瑯滿目，可以提供投資人除了臨櫃、郵寄、ATM轉帳、傳真及語音等之外，另一便利性的基金交易管道。

一、 投資理財資訊──首重即時性、豐富性

　　基金公司的資訊都可在投信公司網站上找到，除了新開連結的網站外，尚針對特殊的族群設立網頁設計，如月光族、上班族、粉領族、小氣族、學生族。基金公司特別開闢獨立專區提供投資理財訊息建議，並發送電子報。像每天之基金淨值、每週基金持股比例、基金持股明細表等。投信公司的網站均能在最快時間內更新，增加投資理財文章，其內容豐富且易讀，而固定的專區特編派專門人員負責維護，提供良好的網站服務品質。

---

❼ http://www.sitca.org.tw

二、 交易委託服務——重視安全性及使用性

　　對於上班族而言，上網交易是非常方便的，網路是 24 小時開放，不但手續優惠且可享有較低的交易成本，線上交易的功能包括申購、贖回、轉換、變更、取消、成交回報以及定期定額投資的暫時扣款、停止扣款等。由於在網路交易首重安全性的交易。所以，投信公司網站主要持有安全認證機制，如SSL、SET，基本上都已經可做到確保交易的安全。

三、 帳戶管理服務——重視及時決策且合於一對一行銷

　　投信公司網站提供的帳戶管理功能，如查詢目前所擁有的基金種類、單位數、總市值、報酬率等帳戶餘額資料，及最近 6 個月的交易明細等個人帳戶情況，都包括在帳戶管理功能之中。少數投信公司還提供自動警示的功能。自行設定買進與賣出的警示標準，一旦達到設定的標準，系統就會主動寄發電子郵件通知投資人，讓投資人不會錯過預設的買賣時機。

　　例如林先生目前持有群益店頭市場基金，平均成本為 10.5 元，王先生想在 12 月 20 日贖回來買耶誕節禮物，所以，林先生可以在帳務警示功能中設定 12 月 20 日通知他賣出，不過，期間他也希望當投資報酬率達 15%、OTC 指數上漲至 100 點，或是群益店頭市場基金淨值為 12 元，都才要贖回該基金，林先生只要同時作好以上的條件設定，系統就會在達到任一設定時，用 E-Mail 通知林先生，當然，林先生也可以同樣方式作申購基金設定。這種一對一行銷的服務正可以滿足不

同族群投資理財個人化的理想。

　未來投信公司將透過網路，舉辦不定期說明會，互動將更頻繁。
表9為投信公司的網址。

表9　投信公司的網址

公司名稱	網　址	網站名稱	網站下單
群益投信	www.capitalfund.com.tw	群益生活理財網	○
怡富投信	www.jfrich.com.tw	怡富生活理財網	○
元大投信	www.fgit.com.tw	元大生活理財網	○
荷銀光華投信	www.abnamrofund.com.tw	荷銀光華投信理財網	○
富邦投信	www.fsit.com.tw	—	
匯豐中華投信	www.csitc.com.tw	—	
國際投信	www.iit.com.tw	—	○
保誠投信	www.prufund.com.tw	—	○
建弘投信	www.nitc.com.tw	—	○
復華投信	www.fuhwtrust.com.tw	—	○

資料來源：各投信公司

第二章　共同基金投資技巧

3 標會的技巧

標會又稱互助會、合會及跟會，它與其他理財工具一樣具有風險性，故對於標會的法律常識，如倒會、冒標等事情，也應有所了解。

第一節　標會應注意事項

互助會在招募時，有一書面的文字契約，它必須妥善完整才能具有法律效力，法院對於層出不窮的倒會、冒標之訴訟案件，均由於告訴人提不出會單，或內容記載不全而遭敗訴，故投資人應慎選一張具有法律效力的會單及會首是很重要。

一、慎選會首

民國 88 年 4 日立法院通過修正「民法債篇」，增設「合會」一

節，並規定合會應：

1. 訂立會單，及全體會員的姓名、住址、身分證字號及聯絡電話。
2. 會首對於約定的會金、金額、起迄日期、內標會或外標會、標會時間、標會地點、繳款期限與方式、底標金額須有明確之規定；會首對於已得標的會員應給付之各期會款，須負連帶保證責任。
3. 會單須有個人之親筆簽名，必須驗明正身，以防冒名頂替。
4. 請會首找一、二位連帶保證人來分擔合會的責任。

二、每次開標以後，要確實查證是誰得標

在每次開標後、繳款前，最好向得標的當事人查證確實已得標，對於會員的財務狀況，信用情形也須查證，是否有一加入就搶標，會員是否有高價搶標的情形。

三、會首是否有挪用會款現象

選擇會首，先要了解會首起會的真正動機，是為了什麼目的，購屋、結婚、買車、創業、投資或作小本生意，如屬於後三者，其存在的風險比較大，且觀察在收款時會首是否能迅速收齊，會員應以交叉驗證的方式查證得標款，如發現有挪用現象，則應儘速搶標。

四、在會單上親自簽名

　　會單已完成，要求會首於該會第一次集會日，召集全體會員開會，在會單上親自簽名，記明年、月、日，並當眾核對每一會員的身分，如無法出席，最好有代理人出示身分證正本，以昭公信，也可防止冒名頂替或人頭戶，簽名後會首製成繕本，每位會員各持一份。

第二節　標會的利率計算

　　標會分成內標與外標兩種，內標是指死會者每期應支付起會時約定的定額會金，活會則是支付會金扣掉標金後的金額。外標是指活會者每期支付約定的定額會金，死會則支付約定的會金加上自己得標時出的標金。

　　內、外標所得的總會款，一般而言，外標總額比內標總額高。如果不考慮時間價值，坊間有一種簡易計算公式為：

$$月利率 = \frac{標金 \times 2}{得標所得之總會款} \times \frac{30}{標期} \times 100\%$$
$$年利率 = 月利率 \times 12$$

　　以上的簡易公式與分期付款償還考慮複雜的現值、終值所得結果相差有限。其中標期是指月標會，以 30 代入，半月標會，則以 60 代

入。該公式可適用於內、外標。例如標金為 800 元，得標所能得到之總會款為 200,000 元，採月標會，則得：

$$月利率 = \frac{800 \times 2}{200,000} \times \frac{30}{30} \times 100\% = 0.8\%$$

$$年利率 = 0.8\% \times 12 = 9.6\%$$

除了利率是考量的標的外，如果手上有多會的人，對於有危險訊息出現的會應優先高價搶標，即使虧損，但本金仍能回收；否則，將造成血本無歸。對於無危險性，則選擇低利率者先標，如果合會得標之利率已低於正常標會利率甚多時，縱使並無需要資金，仍應以得標款再加入新會，應將閒置資金投入較高的報酬投資工具。

第三節　債權的確保

不論是會首破產、逃匿或其他事由均會造成合會無法進行下去，或會員破產。如果是會首倒會，會員可向法院提出民事訴訟，請求會首給付已繳納之會款，加計利息。其方式可向法院民事庭依督促程序聲請「支付命令」或向鄉鎮市調解委員會聲請「調解」，由於法院開具「勝訴之給付判決」、「確定的支付命令」、「調解書」等執行名義向會首之名下財產進行強制執行聲請，民事訴訟在起訴前必須先繳納裁判費，其執行步驟如下：

1. 先進行假扣押程序，以免會首脫產。
2. 聲請強制執行扣押財產，以拍賣所得抵債，如不足以清償債務，可請求法院就尚未清償部分發給債權憑證。
3. 在十五年內，若發現會首有財產，均可再請求法院執行查封拍賣。
4. 如是盜標，則盜標者因冒用他人名義填寫標單、行使得標，詐取會款等事實，則構成刑法之「偽造文書罪」、「詐欺取財罪」。以刑事程序向司法機關提起告訴，不必繳納裁判費，可以達到「刑事逼迫和解」的目的。

4 開店的技巧

第一節　開店創業及收入規劃流程

　　創業投資也是一種理財方式，但必須有好的規劃與評估，而非一頭熱，以致到時兵敗如山倒，要收拾已很困難，所以必須作一好的規劃流程，才能確保創業的成功。

一、規劃流程❾

　　創業之前有好的規劃書，是成功的要件，其步驟如圖 1：

---

❾江復明等編著，家庭財務管理與規劃，國立空中大學；錢雜誌，173 期，1998 年 8 月 124 頁。

流程一：撰寫開店計畫書
經營內容及規模規劃（3個月準備期）

流程二：決定開店的業種與業態及產業前瞻性
進行市場評估作 SWOT 分析：銷售地點及銷售方式
（約一年）

流程三：規模大小之決定與資金籌措
進行創業計劃書的撰寫與貸款管道（一年）

流程四：商圈調查評估與當地生態了解
立地條件調查，目標顧客群來源，競爭態勢評估（3個月）

流程五：決定開店地址
進行地點及名稱命名（1～3個月）

流程六：店面裝潢（2～3個月）
設計、費用分析與估價、施工比價

流程七：申請權照
營業執照、使用權照、消防安檢（2星期～1個月）

流程八：正式開幕
開幕流程、促銷手法、策略聯盟伙伴（1週至1個月）

圖1　規劃流程圖

資料來源：取材自錢雜誌，1998 年 8 月，124 頁。

理財與生活

二、事先規劃成功的關鍵成功因素（KSF）

所謂關鍵成功因素必須在創業的過程中，考慮人、事、時、地、物等因素，穩健且謹慎的規劃。

1. 合作股東

好的合作伙伴是創業最重要的關鍵，夫妻、兄弟、朋友都是好的組合，但仍要「親兄弟明算帳」開誠布公，帳務處理清楚交待明白。

2. 業態的決定

先決定創業賣什麼東西，才決定用什麼方式去經營，對於市場上的競爭態勢，也必須有一了解。

3. 開店店址

先了解開店的目標，顧客在哪裡？市場區隔的目標消費族群在哪裡？店就開在哪裡。

4. 時機

開店的時機很重要，好的景氣及好的投資環境，股市大多頭行情，對服飾與餐飲業有助長效果。選對了進入市場的時機，將對後續的創業營運有很大的助益。

第四章 開店的技巧

5.創業的財務評估

創業要投入多少固定資本，需多久才能回收固定設備的資金，以作為未來擴廠的準備。故在開店之前必須作事前的財務評估，資金的流入與支出，未來的資金來源，及萬一不能經營下去的財務彈性，以作好退路打算。

(1)還本期間法：固定設備的成本什麼時間能回收，再投入資金的來源在哪裡？

(2)淨現值（NPV）法：NPV 大於零代表有正的報酬，反之，有負的報酬。

公式 $NPV = -成本 + \dfrac{C_1}{(1+r)^1} + \dfrac{C_2}{(1+r)^2} + \cdots\cdots$

第二節　創業成功之十大策略

擬定正確之整體財務規劃，資本需要多少？哪裡才可以籌到大筆資金來源？預期之現金流量為何？如何擬定年度預算與銷售計劃書。

一、計算損益平衡點與預估合理營業額

利用損益平衡藉以了解要達多少營業額，才能達到損益兩平，以

此正確控制營運成本。要正確計算損益，必須考慮產業別的特性，以固定成本或變動成本作為損益兩平點評估的基礎，則必須將不動產的購買採資本化，或是將裝潢折舊的花費攤計進去。如果該不動產來自租賃，攤提比例應該按照實際租約期間攤提裝修成本。

預估合理營業額，營業額的多寡及必得多寡須以座落商圈或市場區隔中之消費者的消費能力評估。如消費者沒有消費能力，營業額未能達損益兩平點的水準，則商圈的消費潛力則必須再重新評估。

二、保守評估，避免閒置資金，設備勿過度投資

設備過度的投資，造成固定資產閒置，人力資源的浪費，故在不景氣時，尤應作保守評估，作好適當的存貨管理，或與前手供應商結合成為策略聯盟，重視市場的需求以嚴格的控制進貨量與存貨量。

三、避免大幅舉債或是用高利貸籌措資金

資金成本是影響一個開店者，能否能繼續經營的重要因素，或尋求低利資金管道，或是向正規的銀行或青年創業貸款尋求低利資金，經營商店才可長久。如果資金是向民間高利貸借貸或是向地下錢莊借貸，那沈重的利息壓力，即使租金成本低，裝潢成本低，或營業績效好，均無法快速累積財富。

四、降低裝潢成本

開店中最重大的一筆成本為裝潢成本，尤其買賣重視氣氛為導向的咖啡店或西餐廳等行業，裝潢成本更是最重要的成本之一，因為支

出金額龐大，則裝潢後的結構體、空調、電線、水電更不能大意。如果結構體不好，防火巷沒有安全措施，以致影響客戶的安全，開店沒有妥善規劃室內的空調系統、廚房油煙又再回到室內，即使是氣氛很棒，但空調不佳均不會吸引客戶上門。

五、多花心思在降低呆帳率，以提升收帳能力

應收帳款管理有下列幾項重點：

- 應收票據管理：隨時加強應收票據的催收。
- 顧客簽帳管理：顧客簽帳應隨時加強管理。
- 呆帳管理：隨時作好客戶信用調查、訂定信用上限的融資金額。

第三節　創業的必備條件❿

廿一世紀高科技公關公司總經理丁菱娟認為女性若要經營一個事業體系，就必須好好的學習控制自己的 EQ，以中性角色出現，不要隨便掉入女性陷阱中，而讓員工認為有個「情緒失控」的老闆。

丁菱娟以自己的經驗談創業必備三識與四本，三識是創業所必備

❿民國 91 年 1 月 3 日，經濟日報 44 版。

的識有膽識、見識、知識，任何創業均有風險存在，所以，只要能夠設立停損點，就當做一個賭注，賭光了這些錢之後，最好就收起來別再做了。而四本呢？即為本人、本事、本錢、本行。本人是指創業者本身的人格特質，例如是否願易真為了事業體系而犧牲家庭、健康……等。本事，即創業者本身的興趣、專業在哪？是否有到達可以靠它吃飯的境界。本錢，在創業時有多少的資金可以運用，但她強調「人脈的建立也就是錢脈的來源」，她在草創時期，皆由朋友幫忙。本行，即從事自已專業的行業，若不熟悉仍用心去分析了解行業。

再者，創業者的特質，應該包括：「理念、價值、活力以及膽識等四個條件。」在理念方面，勇敢且明確定出自己的方向，價值觀的建立，就是讓自己了解為什麼創業，價值定位後，才能努力不懈。活力是創業者個人形象的建立與保持，正面思考是丁菱娟成功的關鍵。（經濟日報，91 年 1 月 3 日，44 版）

僅靠堅持不懈的精神及堅毅果敢的特質，已無往不利了，但是戴姆克特卻說：「通過練習成功的人比靠天賦成功的人更多！」因為堅持不懈的艱苦工作從中創造了天才。因果法則中告訴我們，種子是想法，播種是行動，通過持續不斷地重複，使得正面思考與行動得以不斷地加強與強化。故成功的路徑即為：

知識 —→ 行動 —→ 重複 —→ 能力 —→ 成功

第四章　開店的技巧

5 股票投資的技巧

第一節　股票投資應注意事項

一、股票的類別

　　買股票其實買的是企業的未來，而未來的資訊是不會披露在當期的會計報表上的。一種買股票的正確心態是：買股票就是買企業的一部分雖然這一部分可能性很小，在這種概念下，與其注視股價的波動，還不如關注企業的現在和未來。當然，最重要的是，不要買負債過多企業的股票。❶

---

❶民國 90 年 10 月 5 日，經濟日報 40 版。

1. 依產業別分為十九大類股

如水泥股、食品股、塑膠股、紡織股、電機電纜股、電器股、化學股、玻璃陶磁股、造紙股、鋼鐵股、橡膠股、汽車股、電子股、營運股、運輸股、金融保險股、觀光股、百貨貿易股、其他類股等。

2. 依股性分類

(1)績優股：績優股是指公司在三年內的業績或盈餘有良好表現，且具有成長性。

(2)大型股：大型股是指資本額大的股票，大型股因為股本過於膨脹，使每股盈餘遭到稀釋，股價的表現則如牛皮一樣，沒有很活潑的表現。

(3)資產（重置）股：資產股是指公司具有相當數量的不動產，如辦公大樓或廠房土地在增值中，土地是主力炒作的題材，如農林、臺鳳、工礦等。另外一些上市公司擁有大批土地，以處理重置資產為號召，則土地的價值在短時間內大幅上升，如士紙、士電、南港、黑松等。

(4)投機股：投機股是指公司本業不佳，且無法配股配息，而且常常需辦理現金增資，當盈餘有轉機時作為炒作題材，股價的變動完全視主力與作手抬高股價的意願，購買這類的股票如果投資人不注意股票價量間的變化隨時撤出，可能會住進「總統套房」，如華邦電。

(5)小型股：小型股是指資本額較小的上市、櫃公司的股票，由於本身流動在外的股票籌碼較少，只要一有利多或公司的業績不錯，很

容易成為主力拉抬的對象。

(6)轉機股：轉機股是指未來企業的發展頗被看好，也頗受投資人認同的股票。漲幅最大的是轉機股，其次依序是高權值股，業績成長股，投機股與極落後補漲股，尤其是股本較小並兼市場題材的轉機股及業績成長股，漲幅相對較大，淺碟式的臺股經常會出現超跌或超漲的現象，評估各類股輪漲的格局及資金行情延燒並未結束，具題材性的個股應該還有高點可期，因此短線仍續抱這種超級強勢的轉機股，等到股價來到原設定目標，才會獲利了結。

(7)冷門股：冷門股是指這類股票每日成交量很少，即使是多頭行情也難看到量的出現，該類股票漲時不易買，跌時不易賣。

(8)主流股：主流股是指在不同時期股票的基本面或題材獲得當時投資人普遍認同者，如民國 74 年至 79 年的主流股是金融保險股；到了民國 84 年至現在仍是以高科技的電子股、DRAM、網路股、通訊類股領軍。

(9)金控概念股：金控公司開辦後，「金融百貨公司」的趨勢成形，金融商品琳琅滿目，非金控公司又紛紛推出整合式交叉銷售的金融商品，藉此突破金控公司的強大競爭壓力。金控時代來臨，金融市場正在進行一場大革命，在未來金融機構將呈現兩極化的發展，一是朝向大型化、國際化的方向發展，未來也仍有一波的金融機構合併動作。金控概念股是否納入投資組合？金融題材是否可發酵行成投資組合有兩個重點：一是金控公司的組合是否具備相輔相成的效果，才具有理財套利空間。二者，金控公司的未來的經營效益如何？投資人可以利用部分金控股份有限公司已對外公布旗下金融事業間的換股比

第五章　股票投資的技巧

例，依據公司目前市價，推算出子公司在未來的換股價值。以現行股票現值和未來換股差距逾 25%來看，就算股市表現不好，這類個股仍會有不錯的抗跌性。

3.依股票權益分類有下列三種

(1)普通股，(2)特別股，(3)受益憑證。

二、股票投資的基本分析

1.基本面分析

基本面分析著重於公司的盈餘成長與大環境中國家的整體經濟，產業前景等指標以作為投資股票的標的。

(1)整體環境（外在分析）：包括大環境中機會與威脅，其中如政治、經濟、社會、教育、匯率、國際股市的變化等均是考慮的因素。

(2)產業分析：包括產業受經濟景氣的週期變化、產業生命週期、競爭力、資本投資成長、原物料價格的波動、稅率的結構均會影響產業的獲利性。

(3)公司的內部分析：包括公司內部的優點與弱點作一全盤的分析，內部分析又可分為一般分析與預測短、中、長期之分析。

①一般分析：

是指公司的獲利能力、短期償債能力、財務結構、成長率、資產運用效率及經營品德等分析。

A.償債能力分析：

　a.流動比率（流動資產／流動負債）

　此種比率用以測定企業短期償債能力之強弱，亦即表示每一元短期負債可有若干元流動資產以供清償；此種比率愈高短期償債能力愈強。理論上，一般認為流動比率維持在200%以上，方屬於穩健原則之要求，惟就我國企業現況，若超過100%以上，即屬正常。

　b.速動比率（速動資產／流動負債）

　速動比率或稱酸性測驗比率，速動資產係指現金、銀行存款、及變現性較快之有價證券、短期投資、應收票據及應收帳款等。此比率乃測驗企業清償短期負債之能力，亦即每一元短期負債，有若干元變現資產可供清償。理論上以100%為適宜，愈大愈佳，惟就我國企業現況，維持50%以上即屬正常。

B.經營效能分析：

　a.存貨週轉率（營業成本／存貨）

　表示存貨之週轉次數與週轉期之長短，週轉次數較多或週轉期間較短者，則銷貨能力較強，經營能力亦較佳，反之表示產品有滯銷現象。

　b.應收款項週轉率（營業收入／應收款項）

　應收款項由銷貨產生，其週轉率愈大，表示收款能力愈強，有利於資金調度。

　c.固定資產週轉率（營業收入／固定資產）

用以測定固定資產之生產力與營業收入是否恰當與有效率，並間接測知固定設備是否有閒置現象，此種比率愈高愈佳。

d.總資產週轉率（營業收入／資產總額）

此種比率愈高，表示運用資產產生之營收能力愈強，反之則表示運用資產之能力欠佳。

e.股東權益週轉率（營業收入／股東權益）

係用以測知自有資本之營業活動能力，次數愈多愈佳，亦表示經營者對自有資本之運用效率愈高。惟若有虧本傾銷之情況下則另當別論。

C.獲利能力分析：

a.營業成本比率（營業成本／營業收入）

表示每一元營業收入所支付成本之百分比，營業成本比率愈高，則營業毛利愈低，獲利能力愈小；反之，營業成本比率愈低，獲利能力愈強。

b.管銷費用比率（管銷費用／營業收入）

經營企業要想獲得優厚之營業利益，就必須嚴格控制管銷費用，費用支出愈少，獲得之營業利益愈多；反之，管銷費用之開支愈大，則獲利愈少。

c.財務費用比率（財務費用／營業收入）

此種比率以測定財務之負擔，財務負擔重則獲利能力低，財務負擔輕則獲利能力高，因此該比率愈低愈好。

d.淨利率（稅前損益／營業收入）

在測定獲利能力之高低，不宜單憑金額之大小而評定其獲利能力，應與營業收入相比較，故此比率愈高愈佳。

e.股東權益報酬率（稅前損益／股東權益）

投資之目的，在於獲利，而投資報酬之大小，應視稅前損益與股東權益兩者之關係，方可判定其經營之成效。若每元股東權益所獲的利益愈高，表示企業之經營成效良好，故此種比率則愈高愈佳。

f.總資產報酬率（稅前損益／資產總額）

每元總資產能產生若干元之損益，可以表示企業對資產總額之運用成效與效率，此種比率愈大愈好。

D.成長率之分析：

根據企業最近三年之財務報表，就其營業收入、損益、資本及股東權益各方面計算其增減情況，用以評估該企業是在成長或衰退中，檢查手中持有股票的公司其五年的成長情況如何？

a.近五年淨值報酬成長率。

b.近五年銷售成長率。

c.近五年以上之擴廠準備金。

d.近五年以上轉投資金額。

②中、短期分析：

A. 本益比（$\frac{股價}{淨利}$）

B.本利比（$\dfrac{股價}{股利}$）

C.保留盈餘率（$\dfrac{EPS}{股價}$）

D.$\dfrac{帳面價值}{市價}$

E.轉投資金額

F. Q比率（Tobin's Q Ratio），Q比率＝$\dfrac{負債與權益之市價}{資產重置價格}$

（Q比率大於1，表示投資人對公司評價甚高；Q比率小於1表示投資人對公司之經營能力不具信心，易成為購併對象）

③長期分析：

分析的期間比較長，大多以五年的時間為評估標準。

④財務報表分析：

A.趨勢分析：在不同期間同月份，一段長期的趨勢觀察。

B.比率分析之四種分析法：

a.流動能力分析：流動比率分析、速動比率分析。

b.資本結構分析：負債淨值比、利息保障倍數。

c.資產週轉能力分析：資產週轉率、應收帳款週轉率。

d.獲利能力分析：ROE、ROA。

三、股票投資的技術面分析[12]

1. 技術面分析

　　技術分析的指標包括 K 線理論、移動平均線理論、道氏理論、艾略特波浪理論、RSI 相對強弱指標、乖離率、K-D 隨機指標、OBV 能量指標及 RSY 心理線的技巧，在作投資時，「從中學習」，先從小處著手，因為各種技術分析均有其不同的適用性，如果等到完全準備好了再投資，可能報酬已下降，或甚至無報酬了。投資要有技巧與恆心，如果是以「兩天捕魚，三天曬網」的心態投資，即使有高超的技術分析，那麼賺錢也可能是運氣好，賠錢也應該要認賠吧！

　　有人不敢貿然進入股市投資，投資人認為沒有專業知識，貿然進入投資，只會造成血本無歸，但是，如不投資，對於股票之資訊與財經大事，會有事不關己的態度，不會特別去注意與關心，有了投資之後，才會特別關心每天的大盤盤勢，及國內外的財經情勢變化，對於以前難懂的財經議題，如兩稅合一，也會因投資而熟悉了！所以，光是講理論，不親自進場操作，在感覺上就像隔層紗，也無法去感受與了解投資的精髓。

　　⑴ K 線理論：

　　K 線理論最早起源於日本德川幕府時代，大阪堂島的米市交易，經過 200 年的演進與發揚才修正成為現在的形態。

---

[12] 黃建森等著，生活與理財。國立空中大學，121~122 頁。

　　K線乃是利用一天交易的開盤、最高、最低與收盤共四個交易價格來繪製商品每日多空力量的消長與走勢。K線若以時間劃分，可分日線、週線與月線，其繪製方法有美式與日式兩種，一般而言，我們目前廣泛使用的 K 線是從日本傳入我國，其常見的形態有陽（紅）線、陰（黑）線與十字線。其顏色是在提醒投資人注意當日的交易強弱，是開高走低或開低走高，如圖 2 K 線圖的強弱形態。

　　K線代表股票市場買賣雙方勢力的指標。紅線體愈長即表示買方勢力遠超過賣方勢力；反之，黑線體愈長則表示賣方勢力遠超過買方勢力。

圖 2　K 線圖的強弱型態

(2)移動平均線理論：

　　移動平均線（moving average）是根據股票的收盤價，求出六日的平均價格、十二日的平均價格、二十四日的平均價格、七十二日的平均價格、一百四十四日的平均價格，與二百八十八日的平均價格，而

得到六日移動平均線又稱週線，二十四日移動平均線又稱月線，七十二日移動平均線又稱季線，一百四十四日移動平均線又稱半年線，與二百八十八日移動平均線又稱年線。

　　從移動平均線的走勢可以研判多空走勢，而且也透露出買賣訊息，如短中長移動平均線若出現多頭排列，將會有一段大波段多頭走勢。反之，若空頭排列形成，股價走勢通常會有一段空頭走勢，但運用此方法之先決條件是要有恆心，即使是共同基金，投資人也必須至少一星期看一次基金淨值，並計算過去連續 39 個星期的移動平均值，然後與基金目前的價格比較，如果價格高於移動平均呈上升走勢，便是買進訊號；反之，呈下滑走勢，則是賣出訊號。

　　(3)道氏理論：

　　道氏理論（Dow Theory）由美國 Charles H. Dow 於 1884 年 9 月 4 日，採用華爾街股市之十一種股票價格，觀察平均數的走勢與波動狀況，所以，有人稱道氏為技術分析的開山祖師爺。道氏理論的股價趨勢有三種趨勢，為主要趨動、次級趨勢、細微趨勢，而且對於股價之走勢有六大主張，說明如下：

　　①成交量必須與趨勢配合（volume must confirm the trend）。

　　②市場平均數間可以互相驗證（the average must confirm in the trend）。

　　③市場上有三大趨勢分別為主要趨勢、次要趨勢、細微趨勢，其波動的時間分別為一季至數年之久，為大波浪；三週至一季，為小浪花；三週以內波動，為碎浪。

　　④主要趨勢則分為初波段、主波段與末波段。

　　⑤市場的平均可以反映股市的任何事情。

⑥除非有反轉訊號出現，否則趨勢不會輕易改變。

(4)艾略特波浪理論：

艾略特波浪理論（wave principle）是艾略特（Ralph Nelson Elliott, 1871～1948）根據美國華爾街股市過去五十年之道瓊平均指數，觀察及模擬股票的走勢，艾略特認為金融商品的價格波動，與大自然的潮汐波動一樣，具有規律性，有如波浪一樣，有高潮與低潮，如果一個完整之波浪週期可分為一個攻擊波（impulse wave）及一個調整波（collective wave），而每一個攻擊波又包含了 1, 2, 3, 4, 5 個上升波浪，調整波包含 I，II，III 三個調整波浪。如圖 3 艾略特波浪圖所示：

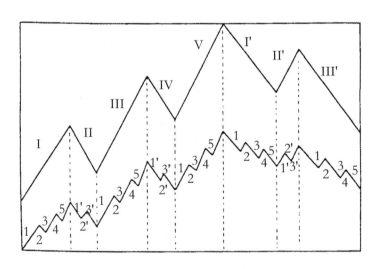

圖 3　艾略特波浪的結構

(5)技術性指標：

① RIS （relative strength index）相對強弱指標

RSI（relative strength index）是指相對強弱指標，它代表短、中期的價格走勢之相對強弱幅度，臺灣市場所使用的習慣有 6 日、9 日、12 日、24 日、30 日、72 日等，最常使用 6 日 RSI 與 12 日 RSI，分別代表超買區與超賣區的數值如下：

	6 日 RSI	12 日 RSI
超買	80	70
超賣	20	30

$$RSI = 100 - \frac{100}{1+RS}$$

$$RS = \frac{N 日內漲幅之平均}{N 日內跌幅之平均}$$

但 RSI 會出現指標鈍化的現象，意指市場連續數日漲勢或跌勢現象時，使得 RSI 進入超買區或超賣區，即使出現持續大漲或大跌，指標卻只出現些微的增減。

②乖離率

乖離率（bias）是運用統計方法看股價偏離移動平均線多遠，來決定買賣點時機的一個指標。若以 10 日的乖離率而言，如果股價的波動在常態分配−5%至+5%之間，股本較小則範圍會落在−10%至+10%之間，意指當乖離率高於或低於上述範圍，則代表股價已經進入超買或超賣區，則投資人可以考慮賣出股票或買進股票獲利。其計算公式如

下：

$$公式（bias）= \frac{當日股價收盤價 - N日股價平均}{N日股價平均} \times 100\%$$

③ K-D 隨機指標

隨機指標較適用於期貨商品，在極短線的敏感性分析，它融合了強弱指標、量能指標與移動平均線的優點。原名為 stochastic 為 Dr. Geoge Lane 所創，以 9 日週期的 K-D 線說明其計算方法：

第一：先計算 RSV 值（row stochastic value）

RSV 值＝（第 9 日收盤價−9 日內最低價）÷（9 日內最高價−9
日內最低價）×100

第二：求 K 值、D 值

K 值＝〔（當日 RSV 值 ×1）/3〕＋〔（前一日 K 值 ×2）/3〕
D 值＝〔（當日 K 值 ×1）/3〕＋〔（前一日 D 值 ×2）/3〕

故 K 值為 RSV 值的 3 日移動平均線；D 值又為 K 值的 3 日移動平均線，當 K 值大於 D 值時，K 值向上突破 D 線時，為買進訊號。反之，若 D 值在 70 以上，表示買超現象，D 值在 30 以下，表示賣超現象，K 值與 D 值在 75 以上區域時，表示買超現象，兩者在 25 以下交叉，則表示賣超現象。

④ OBV 能量指標（on balance volum）

OBV 指標（on balance volume）是指成交量通常比股價先揭露股價未來的走勢，因為成交量是股票市場的元氣，元氣充足，則表示有買盤接手，所以，當OBV緩慢上升時，代表有買氣逐漸加強，為買進訊號；OBV急速上升，則表示買氣力道迅速放大，有可能會拉回整理。OBV下跌，則表示買盤無力，有反轉向下的趨勢；若股價下跌，OBV上升則表示低檔買盤接手轉強，有可能是買進訊號。

⑤ RSY 心理線

心理線（psychological line）是指投資人受股價連續上漲或下跌之心理影響，會造成投資人出現追漲或殺跌的現象，使得投資人作了錯誤的判斷；心理線是在觀察股票市場中投資人之心理傾向，其計算公式如下：

$$心理線 = \frac{12 日內的上漲天數}{12} \times 100$$

如： 1. RSY值在 25%以下或 75%以上，則表示有超賣或超買現象，股價回升上漲或回檔下跌之機會增大。

2. 反之，RSY 值在 25%~75%之間則為正常情況。

2. 主升段的漲幅大於初升段

投資股票有賺有賠，最起碼要先保本，不能孤注一擲，也不能永遠固執在死多頭或死空頭，均須保持客觀，順勢而為，只要好好把握住可以大賺的幾次機會，因為主升段的漲幅大於初升段，把握著機會

就能補足或勝過先前累積的虧損。貝他係數能夠衡量個別證券相對於市場投資組合的變動程度,「貝他值」是用來衡量基金或股票「系統性風險」的一種係數,其計算方式為過去十二個月基金或股票月報酬率對同期市場月報酬率做迴歸,估計斜率係數而得。科技股或科技基金的貝他值多半大於 1,亦即對大盤的波動較為敏感,因此被稱為景氣循環敏感股;而醫療、公用事業等類股的貝他值較小,股市下跌時相對抗跌,通常被稱為「防禦性類股」。股市復甦階段具有高貝他係數的科技股成長機會最大,因此投資人不妨趁股票指數震盪拉回時,進場布局貝他值較高的科技股,將有一波段的行情可期。

3.元月效應

元月效應帶給投資人幸福感,美股元月效應發酵,也帶動了 2002 年第一週全球股市走勢強勁,美股三大指標全面走高,半導體股更是領頭強攻要角。由於基金經理人在新的一年開始往往會重新建立基金持股,加上第一季年終獎金及退休金重新進場,根據過去的統計分析,臺股元月效應機率分別達到七至九成,在各國股市發酵的情形中更發現,歷年一、二月的確往往是一年中股市報酬相對較佳的季節,尤其以臺股及印度股市最為明顯,而那斯達克及美國羅素 2000 小型指數過去 10 年發生元月效應的機率也高達七成。因此,建議投資人正值股價拉回時,宜逢低進場布局,以分享開年第一季開始的元月效應行情。表 10 則顯示歷年元月效應對主要股市的影響。

表 10　歷年元月效應對主要股市影響

	一、二月平均每月漲幅（％）	一、二月以外月份平均每月漲幅（％）	過去元月效應發生機率（％）
印度股市	6.3	−0.2	99
臺灣股市	5.6	−0.1	99
菲律賓股市	4.1	−0.2	97
泰國股市	3.3	−0.4	96
香港股市	3.1	0.5	95
美國那斯達克股市指數	2.99	1.01	70
印尼股市	2.8	0.7	82
馬來西亞股市	2.6	−0.1	97
美國羅素 2000 小型股指數	2.53	0.6	70
新加坡股市	2.3	0.1	96
美國道瓊工業指數	1.59	1.01	65
韓國股市	1.4	0.6	75

資料整理：Blooberg CISA，英商保源投顧。

四、 心理面分析──情緒放一邊

　　投資最難的莫過於準確預測未來，但如能「沈得住氣」，把情緒的魔咒放在一邊，不要讓情緒影響投資的決策，則理財致富不是不可能。在理財的領域中，永遠不必擔心起步太晚，就怕不開始，不管是新手、老手，為自己選擇一個「好」的投資工具，並學習克服在理財時的情緒干擾，才是投資理財的贏家。

第二節　利用融資融券交易股票應注意事項

　　目前國內證券市場每日交易量的 40 至 45%屬於信用交易，10 至 15%屬於資券相抵，足見融資融券已成為投資人參與市場的重要方式。實際上，目前市場已有四家證券金融公司及五十餘家自辦證券商提供融資融券服務，投資人只要具備一定的交易紀錄、財力證明等條件，即可開立信用交易帳戶，利用融資融券方式在股市多空時期進行更為靈活的操作，以獲取更高利潤。

　　所謂融資，即是在買進時，由授信機構提供 60%資金，投資人準備 40%自備款；而融券則是在投資人向授信機構提供有價證券市價 120%的保證金後，先行借券賣出之意。因此，在行情看漲時，投資人可利用融資方式擴張信用；行情看跌時，則可利用融券方式規避風險，無論股市處於多頭或空頭，投資人均可因信用交易而游刃自如。

　　目前融資融券期限為半年，期滿得展期一次，因此，每筆交易最長期限可達一年。以臺灣股市特性而言，每年均有數個較大幅度的波段行情，故投資人應善加掌握，利用融資或融券的操作方式擴大獲利空間。當然，授信機構為確保債券，均會於每個營業日對個別投資人計算其整戶擔保維持率，當維持率低於120%時，即在次日開盤時起，於市場處分維持率不足之有價證券，若處分後價款不足償還，則尚需向投資人追討。因此，投資人於使用融資融券交易時，除應對行情作精密研判外，仍須注意擔保維持率狀況，以免發生類似 89 年 10 月至

11 月全面性追繳的情況再次出現。

因此，要作一個在證券市場常勝不敗的精明投資人，實應對融資融券方式作更深入的了解。如有任何疑問，請至各大證券金融公司或自辦證券商網站查詢。

一、股市投資五大須知[13]

投資人，投資股票算是參與人數及層面最多及最廣的投資活動，投資股市有幾項要注意的地方。

1. 務必設立停損點

捨不得認賠砍出股票是許多人所無法克服的心理因素，也是股票賠錢者的最大共同通病。設立停損點的好處在於能控制最大的可能損失金額，同時也是保留實力以等待下次多頭市場時找尋適當買點。

2. 切勿於股市投入過多的資金，並且過度擴張信用

投資股市如果資金是向銀行借款或是以融資方式來購買股票。股價大漲時並不會產生問題，大跌時就開始產生問題了。資金產生排擠效果，向銀行借款則會有無法清償借款的困境。

3. 切勿逆向操作，在多頭市場時看不慣某些股票漲幅太大

常對盤面上的強勢股融券放空是最不明智的作法。

---

[13] 民國 91 年 1 月 17 日，經濟日報 42 版。

4.留點錢讓別人賺

只要是在自己可以接受的價位內就當機賣出。

5.切勿猶豫不決

當已確定要投資某一檔個股時,即使當天是上漲格局,也必須當機立斷予以敲進。許多人常容易犯一個毛病,就是當股票上漲時買不下手,因為成本比前一個交易日提高了。

第三節　認識股價加權指數

一、臺灣股價指數、美國股價指數、日本股價指數、英國股價指數、德國及法國股價指數、世界性的股價指數

「股價指數(Stock Price Indexes)」是利用股市部分或全部的股票為樣本,比較當時與所選擇基期的股價水準,以反應股價水準當時的市場趨勢。

股價指數的計算方法可分為「簡單算術平均數」及「加權指數」兩類。前者「簡單算術平均數」的計算方式簡便易懂,後者的指數則多以加權的權數方式計算。前者未以數量來加權,容易使指數意義失真。世界各工業國幾乎同時有算術平均及加權平均之股價指數,係因早期的股價指數多以算術平均的方式計算,沿用至今;世界沿用已久

的聞名指數如美國的「道瓊工業指數」、日本的「日經指數」、英國的「金融時報普通股指數」等，並未加權，當所選取的樣本公司股價上漲，而其他多數股票價格下跌時，較易造成失真的現象。後者所發展的股價指數如「史丹普綜合指數」、「東京證交所指數」、「金融時報精算指數」等，則為加權指數，這類指數變動時，大型股因比重較高，對股價指數的變動較大；而這些指數的樣本數較大，可避免因少數大型股股價變動而出現大幅波動，較能反應股價漲跌的真實狀況。後者「加權指數」最常見的加權指數的計算方法為「巴式指數（Passche Index 或稱柏式、裴式指數）及「拉式指數（Laspeyres Index）」，巴式指數是以計算期的量來加權；拉式指數是以基期的量來加權，因此，巴式指數比較能反應計算期的現象。

1. 臺灣股價指數

　　臺灣的股價指數有「臺灣證券交易所股價加權指數」、「經濟日報股價平均指數」及「工商時報股價指數」，實際上，投資人只會注意交易所股價加權指數，不太關心經濟日報或工商時報所編製的指數。臺灣證券交易所於民國 51 年 2 月採用簡單算術平均數做為股價指數；於民國 60 年改採股價加權指數，利用「巴氏公式」（以計算期的發行量加權）來計算，如：交易所股價加權指數，股價指數是代表當期與基期股價水準的比較，用來判斷行情的走勢高低。「經濟日報股價平均指數」不以發行量來加權，指數基期為民國 62 年 1 月 4 日選樣之股票的市場價值。當樣本公司增資或除權時，就要修正。工商時報股價指數不以發行量來加權，指數基期為 72 年，指數基期為 400 點，

除權時不要修正，對股價的變化較敏感。

2.國外股價指數

美國、日本、英國的股市規模最大，其次為德國、法國、加拿大等國。先討論美國、日本及英國的主要股價指數。

(1)美國股價指數

美國的股價指數眾多，僅介紹「道瓊工業指數（DJIA）」、「史丹普綜合指數（S&P Composite Index）」、「紐約證券交易所指數（NYSE Indexes）」及「那斯達克指數（NASDAQ Indexes）」。美國其他較著名的股價指數尚包括「市場價值指數（Market Value Index 美國證券交易所指數）、「價值線指數（Value Line lndex）」、「威爾雪指數（Wilshire 5,000 Equity Index）」、「羅素指數（Russell 2,000 Index）」。

①道瓊工業指數（Dow Jones Industrial Index, 簡稱 DJIA）

道瓊工業指數（DJIA），至 1997 年為止，該指數所採用的樣本為紐約證券交易所中的 30 家大型公司（這些公司股票俗稱為「藍籌股（Blue Chips）」，如 IBM、GM、GE、AT&T 等著名企業）。

「道瓊工業指數」為一算術平均數。採樣的公司數目有 30 家；但由於樣本公司在發放股票股利、股票分割、公司合併等事件後，流通在外的股數產生變化，指數必須加以調整（1993 年 5 月時，Dadj=0.4627）。由於「道瓊工業指數」的樣本都是大型公司，樣本數又低，指數的變動代表大型公司的股價變化，對於整個市場的描述性並不完整。道瓊世界股價指數（Dow Jones World Stock Index），表示世界股價的變動狀況，稍後這個指數擴充至 13 個國家，目前華爾街日報

每日刊登此一指數。道瓊工業公司以編製財務資料聞名世界，該公司於 1993 年 1 月以歐、美、亞太平洋地區 10 個國家中的 2,200 多家公司的股價來計算「道瓊世界股價指數」。

②史丹普指數(Standard & Poors` Indexes）

史丹普公司（Standard and Poor's）是國際著名的財務評等公司，該公司編製了數種股價指數，最常使用的為「史丹普 500 指數（S&P 500 Index）」，或稱為「史丹普綜合指數（S&P Composite Index）」，史丹普公司曾於 1976 年大幅修改樣本（史丹普綜合指數雖為加權，但並不是巴氏指數，亦非拉氏指數）。「史丹普綜合指數」是以紐約證券交易所（NYSE）中的 500 家公司為樣本，所計算出的指數。該指數的基期為道氏（Charles H. Dow）於 1882 年與瓊氏（Edward Jones）成立了道瓊公司，主要是提供財務分析的服務，1884 年該公司發表了著名的「道瓊工業指數（DJIA）」，至今已有 100 多年的歷史。

③那斯達克指數（NASDAQ Indexes）

「美國全國證券商協會（NASD）」編製了 7 種店頭市場股價加權指數，包括綜合、工業、銀行、保險、其他金融、運輸、公共事業等指數，基期為 1971 年 2 月，其中綜合指數（NASDAQ Composite Index）的樣本為店頭市場所有上櫃股票。由於美國許多科技股是在店頭市場上櫃，因此，近年來「那斯達克工業指數」明顯波動時，臺灣電子類股的行情亦隨之變動。

④紐約證券交易所指數（NYSE Indexes）

1966 年紐約證券交易所本身計算了 5 種股價指數：如綜合、工業、公共事業、運輸、金融等指數，其中「綜合指數（NYSE Composite Index）」的樣本為紐約證券交易所的所有上市股票，為一加權指數。由於美國大多數著名的股票是在紐約證券交易所上市，美國投資人也常參考該指數來判斷股市行情的變化。

(2)日本股價指數

日本目前共有 8 個證券交易所，其中以東京證券交易所（Tokyo Stock Exchange）的規模最大。東京證券交易所區分為兩個部分，資本額較大的上市公司列為第一部，交易熱絡；資本額較小的上市公司列為第二部。

①日經指數（Nikkei Average Index）

東京證券交易所在 1949 年重新開業之後，便採用「日經指數」為股價指數。日經指數的英文為「Nikkei-Dow Jones Index」，其中含有「道瓊」兩字，係因「日經指數」與美國「道瓊工業指數」的算法相同而取名，不過日經指數股票樣本數較大，包括了東京證券交易所第一部的 225 個上市公司。雖然日經指數的樣本數比「道瓊工業指數」多，但小型公司的股價對指數的權數卻和大型公司一樣，使得日經指數所反應的股價變化具有偏差。

②東京交易所股價指數（Tokyo Stock Exchange Index，Topix）

有鑑於日經指數的缺點，東京證券交易所於 1969 年 7 月公布了新的股價綜合加權指數：「東京交易所股價指數（TSE Price IndexTopix）」，基期為 1968 年 1 月 4 日（收盤價），該指數的樣本為東京證券交易所第一部所有的上市公司（1000 多家公司），涵蓋了 28 個不同產業的大小企業，較能真實的反應股價的整體變化狀況。

③東京交易所第二部股價指數（TSE II Index）

除了上述以第一部股票為樣本的指數之外，東京證券交易所也以第二部的上市公司為樣本，編製了「東京交易所第二部股價指數（TSE II Index）」，此一指數反應東京證券交易所較小型股票的股價水準（樣本有 400 多家公司）。

(3)英國股價指數

「英國金融時報（Financial Times）」以倫敦證券交易所的上市股票編製的數種指數，最常使用的股價指數簡介如下。

①金融時報普通股指數（Financial Times Ordinary Share Index）

「金融時報普通股指數」的樣本採倫敦證券交易所的 30 家大型公司，因此又稱為「金融時報 30 指數（FT-30 Index）」，這個指數的樣本數和美國道瓊工業指數相同，共有 30 家大型公司為樣本，但 FT-30 指數是以報酬率的幾何平均數來計算。

②金融時報精算指數（Financial Times Actuaries Share Indexes）

「金融時報精算指數（FT Actuaries Indexes）」是以倫敦證券交易所上市各類股票價格為準所計算的指數，因樣本之不同而有好幾種，金融時報世界精算指數（FT-Actuaries World Indexes）是由英國金融時報（Financial Times）、高感證券公司（Goldman Sachs）及精算協會（Actuarial Association）所編製的指數，該指數以 24 國家、2000 多種股票的股價來計算，基期為 1986 年 12 月 31 日，並以不同貨幣來表示這些指數。

(4)德國及法國股價指數

①德國股價指數（German Stock Indexes）

德國有三個重要的股價指數，分別為「commerz Bank 指數」、

「DAX 指數」、「FAZ 指數」。Commerz Bank 指數：是由 Commerz 銀行以德國聯邦證券交易所股票所計算出的股價指數。DAX 指數（Deutscher Aktien Index）：是由德國聯邦證券交易所（FGSE）編製，以其交易最頻繁的 30 種股票之股價來計算。FAZ 指數：是由 FAZ 日報（Frankfurter Allgemine Zeitung）以德國聯邦證券交易所前 100 大公司所計算出的股價指數。

②法國股價指數（French Stock Indexes）

法國最著名的股價指數為「CAC 40 指數」，該指數是出自於巴黎證券交易所（PSE）以其前 40 大上市公司的股價來編製；另外，樣本數較大的股價指數為 CAC249 一般指數。CAC（Cotation Assistee en Continu）是巴黎證券交易所電腦系統的名字，CAC40 與 CAC249 股價指數便是以該系統來命名。

(5)世界性的股價指數

摩根史坦利國際資本公司是國際間的證券機構編製的一種股價指數，以顯示世界主要股市的股價變化狀況，以下簡述三類指數：

①摩根史坦利指數：（Morgan Stanley Capital International，簡稱 MSCI）

編製了 3 個國際股價指數、19 個國家股價指數、38 個國際工業指數，這些指數皆為加權指數。例如「摩根史坦利國際資本指數（Capital International World Index）」就包括了世界各國的股價狀況。摩根史坦利國際資本公司位於日內瓦（Geneva），編製各類國際性的財務資料，在世界上享有盛名。就該機構所編製股價指數而言，其中有一些廣受各國投資機構的重視，根據世界著名的徵信公司調查，全球有 70% 以

上的基金公司以摩根史坦利指數的樣本股票作為投資標的。

　　②歐澳遠東指數及新奧市場自由指數

　　摩根史坦利編製與遠東國家有關的股價指數中，較著名的為歐澳遠東（Europe, Australia, Far East, 簡稱 EAFE）指數」及「新興市場自由（Emerge Market Free, 簡稱 EMF）指數」，例如摩根史坦利公司在 1996 年 6 月 10 日宣布，於 1996 年 9 月 2 日將臺灣股市的股票納入 EMF 指數之計算，臺灣投資人即因預期外資可能會大量流入，而使股價大漲。摩根史坦利公司為美國的大型投資銀行，投資銀行主要從事與證券相關之業務，以營業金額而言，美商美林（Merril Lynch）、所羅門兄弟（Salomon Brothers）、第一波士頓（First Boston）、高盛證券公司（Goldman Sachs）、奇德比伯弟（Kidder Peabody）、摩根史坦利（Morgan Stanley）等公司均是美國最大的投資銀行。而摩根史坦利在臺灣分公司則為「臺灣懋世股份有限公司」。表 11 為主要國家指數漲跌幅表。

表 11　主要國家指數漲跌幅表

指數	07/06 收盤	07/02-07/06 本週漲跌點數	07/02-07/06 本週漲跌幅（％）
臺灣加權指數	4707.1	-179.85	-3.68%
道瓊指數	10252.68	-249.72	-2.37%
那斯達克指數	2004.16	-158.1	-7.3%
S&P500	1190.59	-33.79	-2.76%
費城半導體指數	566.51	-57.58	-9.22%
日經 225	12306.08	-662.97	-5.11%
香港恆生指數	12999.48	-43.05	-0.33%
德國 DAX-30	5862.1	-196.28	-3.23%
法國 CAC-40	4999.36	-225.97	-4.32%
英國股市	5479.2	-163.3	-2.89%
MSCI 電信指數	65.672	-0.267	-0.40%

資料來源：Bloomberg

第四節　何謂財務結構與資金成本

一、影響公司財務結構之因素

影響公司財務結構之因素如下：*1.* 獲利能力，*2.* 盈餘變異性，*3.*

成長率，*4.*稅盾大小，*5.*資產擔保價值，*6.*資產結構，*7.*公司規模，
*8.*產業風險，*9.*內部經理人持股比例，*10.*經營者的態度，*11.*貸款金融
機構的態度。

二、營業槓桿及財務槓桿

1. 營業槓桿（operating leverage）又稱第一槓桿

是指公司在營運中，固定成本使用的程度，固定成本占總成本的
比例愈高則槓桿愈高，如鋼鐵、電力、造紙業使用的營業槓桿就很
高。但電腦軟體公司、百貨公司則營業槓桿較低。公司的營業槓桿愈
高，則損益兩平的銷售量也應愈大。

2. 財務槓桿（financial leverage）又稱第二槓桿

是指公司使用負債與特別股等固定收益證券來融資的程度。程度
愈高，財務風險愈大。

3. 槓桿程度只是一種彈性觀念，並不代表公司的絕對好壞，故槓桿可以下列兩重點分述如下

一個公司可經由長期融資決策，決定其財務槓桿及伴隨而來的財
務風險。一個公司可經由資本預算決策，決定其營業槓桿及伴隨而來
的事業風險。

三、加權平均資金成本[14]

欲使公司的價值極大，必須先使所有投入之成本極小，當然也包括了資金成本，為了使資金成本極小，就必須先了解資金成本如何計算？

1.加權平均成本之意義（WACC：weighted average cost of capital），分別有下列說法

　　(1)資金成本是一個加權平均成本。
　　(2)資金成本是一個稅後成本。
　　(3)資金成本是一個新增成本。
　　(4)資金成本不是會計成本，而是機會成本概念。當計算資金成本時，均假設有最適資本結構存在。

2.加權平均成本公式

$$R_a = W_d \cdot R_d (1-T) + W_{pf} \cdot R_{pf} + W_s \cdot R_s + W_e \cdot R_e$$

W_d、W_{pf}、W_s、W_e 分別代表負債、特別股、保留盈餘與新普通股之權重，理論上用市價，亦可用帳面價值評估。

理財與生活

3.加權平均成本項目

以資金成本用於長期投資決策的觀點探討，長期負債、特別股、保留盈餘、普通股等資金來源，應作為資金成本項目。

通常財務管理良好的公司不會將非自發性短期負債作長期用途（根據配合原則），故不必將此部分考慮。

故資本項目及符號如下：

資本項目	符　號
負　　債	$R_d = R_{d1}(1-T)$
特　別　股	$R_{pf} = \dfrac{D_{pf}}{P_n}$
保留盈餘	R_s
新普通股	R_e

(1)負債成本：考慮稅後為新負債利率（Rd）以稅後（1-T）求算之。

(2)特別股成本：

如公司打算發行每股面值 100 元，且股利支付率為 12% 的特別股，其發行成本為每股市價的 8%，特別股市價為 98.25 元，則新特別股成本為：

$$R_{pf} = \frac{D_{pf}}{P_n} = \frac{(100 \times 12\%)}{98.25(1-8\%)} = 13.28\%$$

(3)保留盈餘成本：

保留盈餘成本就是指公司的機會成本，其所必須賺得的報酬率至少不應低於普通股股東自行將盈餘投資在風險類似公司所能賺得的報酬率，通常以普通股必要報酬（普通股成本）當作保留餘盈成本。

有下列三種方法求算：

① CAPM 法

公式：$R_s = R_f + (R_m - R_f)\beta$

②折算現金流量法(discount cash flow，簡稱 DCF 法)

公式：$R_s = \dfrac{D_1}{P_0} + g$

③一般風險溢酬法（generalized risk premium approach）

公式：$R_s =$ 基本利率 ＋ 風險溢酬

代表債券利率加上（2%~4%)的對風險要求的超額報酬。

(4)新普通股成本：

與保留盈餘成本最大的差異在於新普通股成本因為有了發行成本，故其新普通股成本會大於保留盈成本。

公式：$R_e = \dfrac{D_1}{P_0} + g$　　　F：發行成本%

　　　$P_0 (1-F)$：每股新股淨發行價格

總之：$R_e > R_s > R_{pf} > R_d (1-T)$

第五節　盈餘品質的重要性

　　品質優良的盈餘應該是數字上完整可靠而實質上又能穩定成長的盈餘，完整可靠即構成盈餘的收入與費用沒有短報，也沒有虛列，穩定成長則除了企業本身體質外，並涉及企業外在的因素，分析時均應力求了解。

一、盈餘品質重要性

　　1. 盈餘品質愈高，代表風險愈低，通常本益比會較高，可使投資或授信決策作正確的評估。

　　2. 不同盈餘品質的公司，可據以調整，使其具有可比較性。

二、影響盈餘品質之因素

1. 會計處理方法之歧異性

　　雖然會計處理應該符合一般公認的會計原則，但會計原則並非如

自然科學中的各種定律必須具有絕對性，對於有些事項仍容許採用不同的處理方法，如存貨計價可採用 FIFO、LIFO 及加權平均法。在物價上漲期間，按 FIFO 計得的存貨成本將偏高，銷貨成本則偏低，所計算利得的盈餘自然不如 LIFO 或加權平均法之穩健，亦即盈餘品質較差；又如固定資產折舊可採用加速折舊法或平均法，加速折舊法所產生的盈餘通常品質亦較平均法為優。

2.資產評價及負債估列有欠穩健

資產評價的高低往往會影響盈餘，除上述存貨及固定資產外，預付費用、開辦費及專利權等無形資產，如估列過高或攤銷過少，亦將使盈餘虛增。至於應付稅捐、員工退休金以及產品或工程保證費等如果少列，亦會少計費用，虛增盈餘。

3.估計數字不一致

嚴格說來，企業的盈餘只有結束營業後將所有資產變現，並將所有負債清償後才能正確結算，但一般財務報告是以繼續經營中的企業為對象，當會計年度終了時，商品或材料仍在繼續進出，固定資產仍在繼續使用，債權債務仍在繼續發生，因而只能將有關的費用估計入帳，例如固定資產需估計其可能使用年限以便攤提折舊，應收帳款及票據需估計其未能收回的呆帳等。雖然估計亦應有其憑藉，然而不同人員的估計結果必無法一致，自會導致所計盈餘品質的參差。

4.自由裁量性支出經常受經理人的操縱

自由裁量性支出是指可任意伸縮,但在短期內不易查覺其不良影響的支出,例如研究發展費、資產維護費、廣告費及員工訓練費等。當盈餘欠佳時,經理人常會減少這類支出以提高報表上的盈餘數值,雖然當期不會發生立即影響,但必將削弱企業的根基及損害其未來獲利潛力;這樣產生的盈餘品質自會有問題。

5.特殊收支或營業外收支比重過大

特殊收支如出售固定資產的盈餘,或虧損及災害損失等,這類收支不會穩定,如數額占總收支的比重頗大,則盈餘亦不會穩定,因而影響其品質。

6.經濟及政治等外在因素

經濟因素主要是通貨膨脹與景氣循環,通貨膨脹會導致盈餘虛增,甚至虛盈實虧,景氣循環則使盈餘趨勢不穩定,時高時低。政治因素即政府的干預,如限制售價、限制出口或進口、限制解雇員工以及收歸國有等,多國籍的企業,國外投資可能受到限制資金匯出、匯率變動及當地政局動亂等影響,以致盈餘波動不定。

三、盈餘品質會影響財務預測

我國現行實務的財務預測,涵蓋整個財務報表的預測方面。實務上通常稱之為預計財務報表(Pro-forma financial statements),目前國內

的一般會計原則及相關法規對這類的財務預測已有規範。「證券發行人財務報告編製準則」規定，證券發行人除經證券暨期貨管理委員會核准者外，均應就其營運計畫之預期結果編製並揭露財務預測。

財務會計準則第十六號公報則指出，財務預測宜參照歷史性基本財務報表完整格式表達。因此，各公開發行及上市公司通常都會公布財務預測資料。財務預測資料對公司管理階層、債權人、及投資人都極具參考價值，這點是無可否認的事實。然而，實務界對於目前的財務預測揭露規定仍有三點爭議：

1.財務預測應經會計師依照審計準則第十九號公報「財務預測核閱要點」核閱，但問題在於，財務預測必須依據經濟、產業及公司等財務方面的狀況擬定各種基本假設，這些並不是會計師所熟悉的領域，因此無從判斷財務預測中所用的基本假設是否合理。

2.證券暨期貨管理委員會要求實際損益與預測數差距達 10%以上者，應分析其原因並提報股東大會，但無論差距有多大，會計師和管理階層都不會受到任何處分。因此，若管理階層如未本於誠信原則，揭露財務預測資訊反而易使投資人或授信人受到誤導而損及權益。

3.窗飾（Window-Dressing）及盈餘管理（Earnings Management），所謂窗飾是指企業經理人員利用不正常（或不當）的方法虛飾美化企業的財務狀況（窗飾），或甚而使會計盈餘達成經理人員所預期的目標盈餘管理的方式，其操作方式如下。

(1)涉及企業整體之操作方式

①大清洗（Big Bath）

有些公司為了維持競爭力，提高獲利性或因財務困難而必須進行大幅組織再造或改組。進行改組勢必產生重大改組費用（Restructuring Charges）。這些費用幫助公司清潔其資產負債表，故稱之為大清洗或大洗澡。通常改組費用會被高估，並提列負債準備，因為雖然短時間損失很大，但分析師往往更關心未來的獲利情形，改組後一旦利空出盡，股價將不跌反漲。而且高估的負債準備也可在未來獲利情形不佳時賣出，以調節未來盈餘使股價上漲。

②購併魔術

企業合併時有兩種合併的會計處理，一為購買法，另一為權益結合法，後者因直接以帳面值合併，不影響未來損益（因無購買法下差異分攤的問題，例如商譽攤銷），後者較受合併者歡迎，但採用權益結合法卻有諸多限制（詳合併報表），因此很多公司為了避免購買法的不利影響，都儘量調低取得成本而將買價的一部分轉列入「進行中研發費用」（In-process Research and Development）。如此，則可將該支出於合併時直接列入費用，以省卻其對未來盈餘的衝擊，對購併者而言雖然短期間費用大增將使股價下跌，但分析師更關心合併後所產生的綜效及競爭優勢，因此被併購者的股票，甚或合併雙方未來的股價，均有非常強勁的上漲力量。

(2)涉及關係企業間交易的操作方式

關係企業在審計公報第6號中的定義為「報告個體及其關係公司，主要股東、管理人員及其近親，在會計上以權益法處理之個體，及與報告個體有往來，而其中一方對他方之管理或經營決策，有重要影響，致使交易之一方難以全力尋求自身之個別利益者。」因為關係人

間有互相影響力甚或控制力，因此經常利用下列交易以操蹤損益或虛飾報表。

①不計息或利率遠低（或高）於市場利率之借貸。

②售價與估價有重大差異之不動產交易。

③非貨幣性之同類資產交換。

④未定清償條件之貸款。

⑤以高於成本或低於成本轉撥商品。

如果以上交易並非公平交易，而且雙方利用相互持股低於 50%或基金換單方式來規避合併報表的編製時，則其結果可能使個體一方改善經營結果；而使另一方受損，以達到操縱盈餘的目標。

(3)公司內部之盈餘操作方式

在公司內部經理人員可操控之方式又可分成：

①利用交易或事件的發生以操縱損益：閒置固定資產以認列出售損益或提前贖回公司債而產生贖回利得等方式以增加業外損益。

②利用會計方法的選擇以操作盈餘：在會計方法的選擇上擁有部分彈性，因而被用來達成盈餘目標的工具，例如後進先出存貨成本流動改成先進先出法，例如折舊方法，由年數合計法改成直線法等。

③利用裁決性應計事項或估計事項之調整以操縱損益：所謂裁決性應計事項，是指可由經理人員自由裁決的事項，例如遲延認列費用、降低壞帳率、延遲進貨或提早認列銷貨等。最近許多公司，則喜歡高估負債準備或低列資產以便於獲利好的年度將盈餘隱藏，等到獲利能力不佳時，再加以釋出以調控盈餘，稱為「餅乾準備」（Cookie-jar Reserves）或稱之秘密準備。

④濫用重大性原則：所謂重大性（Materiality）就是一項會計處理的不同或會計資訊報導的不同結果，足以影響閱讀者之決策時。由於重大性的決定，繫於主觀的判斷，故在實務上常被活用。例如收益誤列為資本支出，而自圓其說地主張，其錯誤對營業結果的底線（Bottom Line）影響不大而不必介意。但如果此項錯誤定理恰好使盈餘轉虧為盈（由黑翻紅）或達成對外所發布的財務預測目標，則顯然具有操縱盈餘的意圖。如何察覺此種濫用重大性原則，專家建議以下列方式觀察之：

甲、蒐集期中資料與年底資料比較，是否有巨大差異。

乙、注意期末是否有不正常交易事項及調整。

丙、評估客戶營運及相關風險，以及這些風險如何對營運結果造成影響。

丁、查核是否有關係人之交易。

6 保險理財的技巧

第一節　選購適合自己的保險

　　每一種保險都有不同的保障，也有不同的優點。所以購買保險必須依個人的收入、目的為考量。保險的目的在於預防人生所可能造成的風險，人身保險可分成壽險、意外險、醫療險、失能險及年金險等。

一、壽險

　　壽險又稱為死亡險，又稱人壽保險（life insurance），是以人之生存或死亡為保險事故，不論疾病或是意外原因，只要是生命結束，指定的受益人都可以獲得理賠的保險。如生病故世、壽終正寢、意外身

故，甚至在投保後二年以後的自殺行為，都是壽險保障的範圍。所以人壽保險依保險事故的差異，可分為四大類：(1)死亡保險（mortality insurance）：以死亡為保險事故；(2)生存保險（pure endowment insurance）：以生存為保險事故；(3)生死合險（endowment life insurance）：以生死為保險事故；(4)終身保險（whole life insurance）以終身為保險事故。

壽險是保險契約之主契約，可分成保障型及儲蓄型兩種。保障型的壽險一定要被保險人死亡或全殘的情形下，才能取得保險金；而儲蓄型的壽險則兼具儲蓄的功能，在繳費經過一定期間後，在生命存續的期間內，可獲得一定金額的給付，到期可以領回滿期金或分年領回直到死亡，再由受益人領回所有的保險金。

二、意外險

在意外險中，依不同的殘廢等級，死亡是全數保險理賠，不同的等級，給予不同比例的保險級數。

第一級殘廢可獲得 100%的理賠，第一級殘廢包括了：(1)雙目失明；(2)兩手腕關節缺失者；(3)一手腕關節及一足踝關節缺失者；(4)一目失明一手腕關節缺失或一目失明及一足踝關節缺失者；(5)永久喪失言語或咀嚼機能者；(6)四肢機能永久完全喪失者；(7)中樞神經系統機能或胸腹部臟器機能極度障害，終身不能從事任何工作，為維持生命必要之日常生活，全需他人扶助者。

第二級殘廢可領得總保險金的 75%，包括：

兩上肢、或兩下肢、或一上肢及一下肢，各有三大關節之兩關節以上機能永久完全喪失者。

十手指缺失者。

第三級殘廢可領得 50% 保險理賠金。

第四級殘廢可領得 35% 的保險理賠金。

第五級殘廢可領得 15% 的保險理賠金。

第六級殘廢，可獲得 5% 的保險理賠金。

除了意外殘廢給付，意外的醫療給付也是醫療險的一部分，只要因意外的事故而產生的醫療費用，在一定的保險金額內，都可以獲得理賠。

三、醫療險

保額高低根據本身的就醫習慣來衡量，醫療險到底要買多少才夠呢？不少人再投保時，即使有買醫療險，也大多抱持著應該不會那麼倒楣的心態，買個最基本的保額安心，等到需要用時才發現額度太少；另外也有人過分擔心自己生病時錢不夠支付費用，醫療險又買的太高，所以必須根據本身的就醫習慣來衡量，保單的設計才會符合實際的需要。醫療費大概沒有一定的標準，每個人健康狀況不同，就醫習慣有所差異，選擇醫院也不一樣，花的醫療費自然就不同。不過，就像你逛街習慣逛某百貨公司，吃飯習慣上哪些館子，買皮包一定買某名牌一樣，每個人看病也都會有固定的習慣，根據自己看病習慣和對醫療品質的要求，就可以估算要買的醫療險額度是多少了。醫療險的保費比較貴，假如是擔心發生意外會導致一筆龐大的醫療支出，可以附加比較便宜的意外醫療保險。

一般而言，醫療險涵蓋的範圍包括了：(1)重大疾病險；(2)住院醫

療險；⑶癌症險三種。重大疾病險保障被保險人在發生合約涵蓋的七種重大疾病或生命末期、全殘、死亡等，可獲得一次給付的醫療保障；住院醫療險是貼補在健保所涵蓋的範圍外，住院治療時所可能產生的各種費用；癌症險是指在抗癌過程中長期治療癌症的療程的醫療費用。

重大疾病險是一種一次給付的定額保險金，是否已包括了癌症險的部分？還是需要另外單獨購買癌症險呢？這對現代人而言，是有必要知道的。癌症險是以幾個單位數為標準，它主要是強調罹癌後長期療程的醫療費，從門診、住院、出院療養、放射性治療、癌症手術、化學治療，甚至不幸身故，均可得到完整且長期的保障。住院醫療的保障，只要符合住院標準或六個小時以上的門診手術，都可領取一定金額的保險金。其給付方式可分為實支實付及日額給付。實支實付包括支付被保險人的住院病房費、手術費及雜費等，日額給付型則是以每天的固定金額（有 1,000 或 2,000 元等不同金額）再乘以天數，以取得固定金額的賠償金。

四、失能險

一旦發生意外或生病無法繼續工作時所造成收入的遽減，因為身體的受害而造成經濟困窘情況而不能工作，或因此被解雇而沒有收入，為了防範這些情況，因此，失能險應運而生。失能險可分為意外失能及疾病失能兩種，如果是全部失能最長理賠可達 20 年或一輩子；部分失能險最高理賠兩年，在被保險人暫時或永久喪失工作能力超過免責期之後（15 天至 1 年都有可能），都可獲得一定金額的薪資補償。

五、年金險

人壽保險是死亡險，是指被保險人一旦喪失生命或遭逢意外後，家人不會有沈重的財務負擔；年金險是生存險，是指人的壽命增加，活得太長，屆時無錢可用，面臨無米可炊的窘境，所以在生命存續階段，逐年領取，在生存時即開始享受保障。政府提出的「國民年金」保險政策，其目的也在此，國民年金可視為是社會福利安全制度的起步。年金險為壽險的變種，而且最大的不同在於壽險的目的在於資金的累積，年金險則在於資金的清結。故年金購買則是一次繳清購進額（purchase payment）之後，則保險人承諾於購買者存活時定期支付一定之金額給被保險人，但被保險人死亡之時，保險人立即停止一定金額的支付。

年金險有遞延年金和即期年金兩種。前者是指被保險人在還沒有退休前，以定期繳款的方式把保險費付給保險公司，約定一定時間後分期給付一定金額給被保險人，直到被保險人死亡為止。而後者是指被保人在退休時即支付一筆基金給保險公司，隔年保險公司即會在固定期間、支付約定金額給被保險人，在現在的社會，靠子女俸養，還不如購買年金來保障晚年的生活所需。再者，即期年金就是幫助那些領了退休金卻又不善理財的人，可以透過即期年金的方式，生活也較無後顧之憂。

六、人壽保險與年金保險的比較

人壽險是經過一連串保費支付後，保險人於保險事故發生給付保

險金給受益人；年金險係以生存保險事故，其計算的基礎為生存率，不需要有可保性證明，對於要保人沒有終止權。茲分述如表 12。

表 12　人壽保險與年金保險比較

項目	人壽保險	年金保險
1. 目的	資金累積	資金清結
2. 計算基礎	死亡率	生存率
3. 動機	保障遺族	保障年老
4. 支付對價	保險費	購進額
5. 保險事故	死亡、生死	生存
6. 可保性證明	需要	不需要
7. 要保人終止權	有	無

七、傳統壽險與投資型保單[15]

　　兩者最大的差異在於投資型保單不管是變額、萬能、變額萬能，其保障均是變動的。由於利率持續走低，保單變得愈來愈貴，保險公司紛紛推出投資型保單以因應市場需求。

　　投資型保單就是結合保險與投資的商品，只要有投資之名就沒有所謂「最低保本獲利」。傳統保單的保障是固定不變的，但投資型保單保障是變動的，如某家國外壽險公司推出萬能壽險，就是單純投資沒有與保障結合，又變額壽險只保障身故，所以，如需有全殘保險就

---

[15]民國 90 年 12 月 12 日，經濟日報 38 版。

要另購相關保單保障。但它最大優點在於可以自行決定投資標的，自行決定繳款金額多寡，但如中途解約仍要收取解約或轉換的費用。

第二節　保險公司是否會倒 ⓰

　　保險公司如果真倒了，要向誰理賠，保險公司取得保險人的保險費中，大部分都放在提撥保險責任準備金上，小部分則運用在行政與業務費用中，但如果保險公司一旦撐不下去了，至少保險責任準備金還可以運用，財政部雖然有嚴格規定，要求保險公司的業務規模愈大，資本額也要同時增加，但是責任準備金不得動用。如此，萬一保險公司虧損，則財政部必會要求其他保險公司進行概括承受，或有再保險公司作為後盾，因此，如果保險公司一旦有了問題，被保險人的權益也絕對會受到保障。

　　保險契約由於期限多達二十年之久，投資人或被保險人如採年繳則每年固定時間都要繳交一定金額的保險費給保險公司，必須等到被保險人繳費期滿或身故後，才有請領大筆保險金的機會。所以，投資人或被保險人對於保險公司的存續會有合理的懷疑。因為，保險公司倒閉或損及被保險人的權益，就因為如此，財政部（保險司）對於各保險公司的監管十分嚴格，不論是事前、事中的強力監督，再加上再保公司的重重保障下，即使真發生了倒閉事件，在保險公司每

⓰民國 90 年 10 月 5 日，經濟日報 42 版改寫。

筆保險費都得提撥一定責任準備金的前提下，也足以支應每年的理賠支出，除非是保險公司精算錯誤，不然要收回已繳交的保險費用，應該是不難的。

第三節　保單如何辦理質借

如果你投保的是終身壽險或養老保險，連續繳費兩年以上，並累積相當金額的責任準備金，就可以持有保單向投保的保險公司辦理「保單質押貸款」。而可貸的金額不是投保金額，也不是已繳保費的總額，是解約金的八至九成，而解約金可以在保單的「解約金表」中找到。

至於保險人需要用錢時，什麼時候可以拿到貸款呢？親自辦理，最快 10~30 分鐘，只要攜帶保單及身分證至保險公司的服務中心填寫保單借款合約書，並簽章交給你的保險業務員，大概 3 日左右，保險公司就會將錢匯入你指定的銀行帳戶內。

但是保單貸款是要支付利息的，一般是以當時臺灣銀行、第一銀行、合作金庫、中央信託局四行庫的二年期定期存款最高利率平均後再加 1%，所以，如果以前的保單利率較高，約為 6%左右，目前低利率約為 3%左右則以質借利率向保險公司以保單質借八成資金利率約為 7%左右來看，仍是划算的。雖然質借後，但在貸款期間保費還是要繼續繳付，才能維持保單的效力，否則若貸款本息超過保單表列的責任準備金，保險效力就會終止了。

第四節　注意壽險理賠的時效 ⑰

　　某一天午後，理賠櫃臺邊坐著幾位頗為搶眼的人，一位乾癟瘦弱的古稀老人，手中抱著一個尚未滿週歲的幼兒，旁邊是一位打扮入時的少婦，以及看似精明的中年男子。

　　他們像在爭論什麼。櫃臺的理賠經辦，正好整以暇地作壁上觀，似在等他們有個結論出來，好讓她處理。我剛好打旁邊經過，一段聳動的對白令我有如遭到電擊。

　　老人家說：「妳不告而別，離家出走，丟下這個幼子。和我兒子的這段是非，因為兒子都已死了，我也不想再談。請妳好歹念在孩子是妳生的，他無罪，妳就帶回去養吧！我兒子也沒要妳白養，已留下保險理賠金給妳。今天，妳就領了它，順便把孩子帶回去，好嗎？」

　　少婦冷冷地拋出一句：「錢我要，孩子別指望我養，我還想嫁人。帶個孩子，將來怎麼嫁人？何況又不是我拿槍指著你兒子，要他指定我是受益人的！」

　　看到老人的淚水潸潸地從他的眼眶流出來，我心有不忍地趕忙回到辦公室，拿起話筒，要經辦馬上把案件調來給我。我翻閱卷宗：被保險人死於肝癌，受益人是他太太。孩子生下不久，太太就和人私奔，也就是坐在少婦旁的那位中年律師。

---

⑰ mail@udnemoney.com.tw

　　當經辦告訴我，這件保單幾可確認係投保滿兩年的契約。換句話說，除非受益人有除外責任，否則櫃臺應即時給付保險金。

　　我仔細端詳卷附的資料，突然眼睛一亮。「死亡證明書」上記載被保險人身故的時間，離保單生效日尚差三個小時。我馬上指示經辦向受益人表示：「保單尚差三個小時才滿兩年，依保險法第64條的規定，我們尚須做身故調查，今天不能給付。」經辦面有難色，但只有照我的話回覆。一會兒只看到那中年人氣咻咻地拉著少婦走了。

　　半個月後，調查員回報被保險人的既往病例，我立刻依法發出解除契約函，沒收已繳保險費。未幾，即收到受益人提出請求給付的訴狀。出庭那一刻，法官怒氣沖天指著我大罵：「你們保險公司真不要臉，只差三小時也敢主張告知不實，你們理賠人員還有人性沒有？」

　　我當時慢條斯理地回答：「庭上，我有下情，但是否先請原告退出？」當法官將原告等人請出庭後，我將本件原委娓娓道出，法官的臉色舒緩下來，卻又問了一句：「如果我判你勝訴，那貴公司豈不白賺了這筆錢？」

　　我回答：「如果敝公司獲勝訴判決確定，這筆錢已經是自然債務，我會將它轉給這位老人家，好讓他照顧他的孫兒。」法官讓我回去，然後請原告等進來，大概在驗證我的陳述。兩個月後，本公司勝訴，對方也再度上訴，但出庭的經過比上一次更簡單，也再一次勝訴。本案金額不高，只要二審即告確定。我隨即請這位老先生過來，同時向他說：「知道你白髮人送黑髮人，我衷心為你難過。但是你還有上天給你的任務，就是把你的孫子拉拔長大。我也只能幫到這個地

步，相信老天會保祐你的。今天你把錢領走，找個可信賴的親人，幫忙你養育孫子吧！」所以，壽險理賠要特別注意時效及隨時變更受益人。

第六章　保險理財的技巧

7 債券投資的技巧

第一節　債券基金特色

　　世面上已出現聯合理財網（udnemoney）推出的專業電子報，投資人可隨時上網訂閱，目前訂閱免費，其中內容為資訊科技產業報、銀行理財通、保險週報、理財學習報。

　　大量蒐集國內各銀行最新金融商品資訊，以專題彙總方式，提供存款、借款、外匯、信用卡等理財小竅門，週週均會列出借款利率最低、存款利率最高、信用卡發行條件最優的銀行排行榜，讓投資人能得到第一手金融商品的資料分析，近而輕鬆的成為銀行理財通呢！

　　保險週報內容強調「保險綜合」與「醫療保健」，適合一般大眾，其目的不在促銷某張保單，而是以生活化的題目作產業趨勢報告，以提醒消費者如何去購買適合自己的保單，且為自己的保單做體

檢。

一、債券基金已成為國人保值的投資工具

　　債券基金因為具有投資金額較低，又有專業經理人管理操作及節稅等好處，相較於投資人直接從事債券投資，其進入門檻低，加上實質收益率也高於銀行定存。所以，是屬於保守型投資的主要投資工具，除此之外，保守型投資人更可加入定存、公司債、附買回公司債等，積極投資則以市價波動比較劇烈的公債及可轉換公司債作為投資的組合。

二、債券基金的特質

　　1. 重保值。
　　2. 低風險、流動性高。
　　3. 資金調度低。
　　4. 免申購手續費。
　　5. 稅賦優惠。

第二節　可轉債基金攻守兼具

　　國際經濟景氣走勢混沌不明，投資人想投資股市又怕受重傷，投資債券又覺得報酬率可能太低，所以投資人希望投資能接近保本或至少不要虧本太多，且又有機會享有巨幅獲利投資組合。基於上述理

由，投資人或許可以考慮投資可轉換證券的債券基金。

一、可轉價的特性

可轉換證券債券（簡稱可轉債）的特色是進可攻、退可守，在發行公司股價表現好的時候，持有人可以將證券依一定價格轉換成普通股，享受股價上揚的獲利，另一方面，股價表現差時，持有人可以放棄轉換成普通股的權利，像持有利率較低的債券一樣，只領取固定配息。可轉債和股價的連動性高，但波動性有可能較股票小，當然也可能高於股票。

舉例來解釋可轉債的大致概念：假設某檔可轉債的發行價格訂為50元，年利率訂為2%以下（可轉債利率通常遠低於銀行定存利率），在持有滿一年或契約規定的若干時間後，如果股票市價下跌，不管跌幅多大（即使跌到25元或更低），仍可望保住本金（50元），領取原定的利息收益（如2％以下），但體質和債信極好的發行公司通常只提供極低的利息收益給投資人。或者，如果股票市價（例如60元）明顯超過原可轉債的發行價格，投資人也可以放棄這部分2％的利息收益，故投資於可轉換證券，一方面可收取配息；另一方面可轉換成普通股的權利，是最佳「進可攻，退可守」的理財工具。

想要賺錢，愈來愈難，針對低利率、低股價的環境，投資人不妨配置一些資金，放在可轉換證券、可轉換公司債相關基金，可做債券、也可參與股市，比較有機會賺取穩定收益，以及股市反彈的利潤。

當股市重挫，不少投資人將資金轉到貨幣基金、債券基金上，不過，當美國科技股大幅反彈，不少股票型基金淨值明顯上漲。面對這

種環境，如何做好資金配置？美國的可轉換證券市場，過去一年，表現不錯，這種金融商品，進可攻、退可守，股市好，可以換成股票，行情不佳時，就賺賺債券的收益，依據統計，這類基金和債券基金，2001 年以來，收益在 1%到 4%，過去幾年，也都有不錯的利潤。見表 13。

表 13　美國可轉換證券基金與一般債券基金績效參考表

基金名稱	報酬率（%）			
	2001 年以來	過去一年	過去三年	過去五年
富蘭克林可轉換證券基金	4.66	17.8	32.26	116.29
富蘭克林坦伯頓美國政府基金	2.1	19.35	16.89	65.14
富達美元債券基金	1.81	18.65	16.1	60.58
安本國際美元債券基金 A 股	1.8	18.11	12.61	56.6
MFS 多種貨幣基金 B 股	1.44	15.57	11.92	48.55
荷銀美國債券基金	1.43	19.21	17.7	64.74
富蘭克林浮動利率政府債券基金	1.29	14.69	15.71	59.81
友邦美國債券基金	0.68	20.56	16.38	58.65
水星 MST 美元環球債券基金	0.49	16.54	17.92	70.04
MFS 美國政府公債基金 B 股	0.45	16.95	11.83	52.21
大聯美國收益基金 A 股	0.27	14.81	5.2	67.18

資料來源：S&P's Micropal 富蘭克林投顧 2001 年 5 月 18 日。

　　目前，國內銷售的海外基金當中，富蘭克林可轉換證券基金是投資美國市場，另外也有其他海外基金，投資亞洲可轉換證券，如友邦

的基金。除了海外基金之外,最近,大華投信也發行一檔投資債券、可轉換公司債的債券基金,股市行情好時,一樣能夠透過可轉債、參與股市,賺取收益。面對不同型態的債券基金,投資人最好先評估自己能夠承受的風險,先考量匯率變動因素,部分資金投入外幣資產、持有海外債券基金,部分資金選購國內特殊類型的債券基金。債券基金的收益,平均一年大多在 5%到 6%,比定存還好且值得。

二、利用最低風險掌握未來獲利契約

股市震盪餘波蕩漾,嚇退了不少保守投資人,但如果等到不確定因素通通消散,市場投資氣氛轉好,通常股市也已漲一波了,所以現階段如何用最低的風險來逐步掌握股市下一波的多頭行情?策略就是將海外債券基金的配息收益定期定額投資海外股票基金,因為這種方式有以下的優點:

1. 配息再投資,提高資金利用率

讓利息變成本金幫您錢賺錢,您不需要再額外拿出本金,就可以從債市跨足股市,參與未來股市上揚的契機。

2. 具備穩定資產的特質

利用海外債券基金配息收入來定期定額投資股票基金,配息部分可隨著股市轉佳而提高收益;倘若未來股市表現不如預期,也不至於侵蝕到海外債券基金的本金部分,大幅提高資產的安全性。

第七章 債券投資的技巧

3.符合市場趨勢，進可攻、退可守

儘管股市短期內仍以盤整的格局居多，但美國連續降息、帶動全球利率走低的效應在下半年將陸續發酵，因此市場普遍預期未來一年全球經濟景氣可望逐漸轉佳，現在定期定額分批逢低承接的海外股票基金由於單位成本低，將來獲利潛力也大。

4.手續簡便，可享折扣優惠

只要到銀行辦妥手續，每個月的配息收入就會自動定期定額投資到指定的股票型基金，您完全不必另外費心打理。若指定同一海外基金公司旗下的基金，更可享有手續費折扣優惠，長期下來可省下不少投資成本，獲利更高。

根據歷史數據，若投資 100 萬元在年配息約 5.5%的美國政府債券基金，去年 5 年利息約為 275,000 元，如果再將配息定期定額投資美國股票型基金，利息變本金錢滾錢後，總收益可達 367,911 元，等於多賺 92,911 元！目前全球型股票基金、美國股票基金及高科技基金都有不錯的投資前景。

第三節　美元債券基金與美元存款比較

美元債券基金以及美元存款，都是強勢美元資產，在市場預期新臺幣貶值心態下，已成為投資人規避資產縮小的投資工具。美元存款

的利息所得仍要課稅，而且美國對於現在美元存款利率全面降低使得美元存款的投資利基降低。所以，在全球利率大幅下降之際，應該轉向更具有投資優勢的海外債券基金。

美元債券基金如美國政府基金主要投資在美國各類不動產抵押債券與財政部所發行的政府公債上，由於有美國政府全權保障，無違約風險，所投資的債券皆為債信最佳的A等級債券，風險性低，適合保守型投資人持有。

一、美元債券基金特色

此基金為保守型，適合一筆錢投資。每月配息穩定——每月配息、資金流動性佳，過去平均年配息率介於5%到6%之間。降低投資組合波動風險，債券基金有「配息收益穩定」與「反股市走勢」的特性，可以降低投資組合的波動性，是投資組合當中不可或缺的一員。在升息尾聲階段投資，可同時享有「避險」、「債券資本利得」雙重好處。由於經濟數據顯示美國通膨溫和，FED升息趨近尾聲，在利率持穩的環境下，有利債券價格走勢。

歐日保守資金持續流向美國債市，歐元弱勢，使得歐洲地區投資人為避免匯率損失，轉向美元計價資產。此外，日本利率仍低且股市低迷，使得日本投資人轉向報酬收益穩定的美國債市，日本仍是美國債券最大外資持有人，而一般家庭外幣存款金額激增，可能持續流向美國債市。

美國買回流通在外的公債，供給減少，美國政府已達成財政盈餘，公債供給量未來預料趨緩；在供給減少，但需求增加的情況下，

美國政府債券價格上揚可期。

　　保守型投資人最佳選擇的投資標的為風險性低的各類不動產抵押債券與財政部所發行的政府公債，由於有美國政府全權擔保，債信最高，是風險承擔程度底的保守型投資人的最佳選擇。

二、未來投資前景

　　由於美國通貨膨脹控制良好，有助提升債券的實質收益，而美股仍屆臨高檔，波動風險增加，亦可能突顯債券的避險地位，加上美國政府已達成財政盈餘，公債供給量未來預料減少，在供給減少，但需求仍充沛的情況下，有助於推升美國政府債券的價格。根據過去的經驗，FED 的升息動作結束後，將有利於債市的反彈回升。

第四節　　債券衍生性的商品

一、另類賺錢術──權利證書申請換發普通股之套利操作[18]

　　如能在可轉換公司債及普通股之間採套利操作，不但報酬率佳，且可規避套牢風險，由於可轉債在次級市場不夠活絡，會發生其轉換價值高於可轉債市價的情況，此時就具有套利的空間。

　　又可轉債若發行滿三個月，投資人就可申請轉換股票，發行公司

理財與生活

──────────

[18] 民國 90 年 10 月 5 日，經濟日報 42 版。

受理後，於 5 個營業日內交付「權利證書」，而此權利證書於申請換發「普通股增資基準日」（見表 13）後約二個月內，就可換得等額普通股，投資人拿到現股，償還融券部位，套利就完成了。

例如：90 年 2 月 7 日力信的收盤價為 40.4 元，而力信一債的轉換價格為 22.8 元，所以，力信一債的轉換價值 177.2 元，但當日力信一債的收盤價為 158 元，則可以進行套利，空間約有 12.15%

結果是：〔（177.2−158）÷158〕×100%=12.15%

投資人可以持有可轉債之權利證書轉換成普通股，如以表 13 上的資料，於目前申請換發，可於 2002 年 2 月底就換得普通股，且在股東會前順利回補。

二、套利操作時必須注意下列事項

1. 避免股東會、除息、除權等需融券回補時期的權利證書。
2. 平盤以下不得融券的規定。
3. 可轉債及權利證書交投冷清時，無法順利成交。
4. 可轉債申請轉換時，換得的普通股有零股情形。
5. 需要更多的兩套龐大資金，故有較大的套利空間時，才進行操作套利，以節省資金利息成本。見表 14。

第七章 債券投資的技巧

表 14　權利證書申請換發普通股增資基準日

代號	可轉債	發行日期	轉換價格（元）	增資基準日			
17141	和桐一債	88.09.06	16.10		除權基準日		12 月 28 日
17142	和桐二債	88.09.14	16.10		除權基準日		12 月 28 日
23451	智邦一債	88.12.18	39.50	2 月 22 日	除權基準日	10 月 22 日	12 月 22 日
23951	研華一債	90.07.19	75.40	（註 1）	除權基準日	9 月 28 日	12 月 28 日
49011	台哥一債	90.08.25	35.80	（註 1）	除權基準日	9 月 28 日	12 月 28 日
54541	奇普一債	90.06.14	26.86	2 月 27 日	除權基準日	9 月 27 日	12 月 27 日
85002	微星一債	89.04.19	79.50		除權基準日		12 月 28 日
85003	瑞昱一債	89.05.18	90.50	2 月 27 日	除權基準日	9 月 27 日	12 月 27 日
85010	特力一債	89.08.25	14.70	3 月 1 日	除權基準日	9 月 30 日	12 月 28 日
85014	億光一債	90.04.06	22.94		除權基準日		12 月 28 日
85015	毅嘉一債	90.05.05	54.34	2 月 27 日	除權基準日	9 月 27 日	12 月 27 日
85018	博達一債	90.06.14	69.35	3 月 28 日	除權基準日	9 月 28 日	12 月 28 日
85019	陞技一債	90.06.28	23.10	2 月 22 日	除權基準日	10 月 22 日	12 月 22 日
85020	仲琦一債	90.08.29	22.96	3 月 27 日	除權基準日	9 月 27 日	12 月 27 日
85021	環科一債	90.08.16	41.30	2 月 1 日	除權基準日	9 月 28 日	12 月 28 日
85022	麗台一債	90.05.18	28.20	2 月 27 日	除權基準日	9 月 27 日	12 月 27 日
85023	瑞軒一債	90.05.21	33.70	3 月 22 日	除權基準日	9 月 22 日	12 月 22 日
85026	敦陽一債	89.12.01	1190.40	2 月 27 日	除權基準日	9 月 27 日	12 月 27 日
85027	強茂一債	90.05.15	43.60	（註 1）	除權基準日	9 月 27 日	12 月 27 日
85028	和立一債	90.06.20	23.30	2 月 22 日	除權基準日	9 月 22 日	12 月 22 日
85029	力信一債	90.09.13	22.80	（註 1）	除權基準日	9 月 28 日	12 月 28 日
85031	云辰一債	90.11.14	20.40	3 月 1 日	除權基準日	9 月 28 日	12 月 28 日
85032	云辰二債	90.11.15	20.40	3 月 1 日	除權基準日	9 月 28 日	12 月 28 日
85033	友達一債	90.11.19	15.80	2 月 1 日	除權基準日	10 月 20 日	12 月 28 日

註 1：決定當年度股東常會日期之董事會開會日之前 7 日。

　　可轉債轉換價值，保障投資人權益，可轉債還享有依「重設條款」（Reset Term）將轉換價格向下調整的優惠，因此，投資可轉債不但本金及利息受到公司保障，好處還多多呢！所謂「重設條款」就是轉換價格高於普通股市價時，能讓轉換價格依普通股市價向下調降「重新設定」的條款，以保障投資人的權益。依證期會 87 年 5 月 18 日規定：「可轉債轉換價格重設時，不得低於發行時轉換價格之 80%」，即轉換價格重設只能向下調降 20%，亦即投資碰到股市下挫時，可享有比普通股每千股多分配無償配股 250 股之優惠。由於股市低迷不振，讓投資人很失望，但是其轉換價格具有重設的機會。近來「麗臺一債」因受普通股上漲及轉換價格重設而表現突出。於是轉換價格可重設因而調低的可轉債，重設後價格能接近普通股市價者，投資可轉債也有節稅的效果，因可轉債上漲或轉換成股票後出售，其資本利得免稅；且依反稀釋條款及重設條款調低其轉換價格，可轉債轉換的股票數增加，卻不必課股票股利所得稅。又買賣可轉債的手續費及交易稅，目前均為千分之一，比買賣股票為低，可省下不少費用。

第七章　債券投資的技巧

8 節稅的技巧

　　節稅不同於逃稅，節稅是合法減免稅負的行為，逃稅是違法的行為。個人在處理日常財務的時候，必須了解稅賦的一般規定，切勿籍人頭分散所得或存款，如此可能帶來更多的問題，反而得不償失，節稅必須合法才有保障。

第一節　節稅的原則

　　納稅人為了不使財富縮水，必須了解節稅的法則，茲就日常生活中所面對的稅賦，作合理的節稅策略。綜合所得稅、遺產稅、贈與稅、土地增值稅、地價稅及房屋稅等六種稅賦與理財有密切的關係。茲將節稅原則分述如下：

一、審慎選擇申報方式

稅法上允許納稅人自行決定申報方式，如在結婚、離婚年度中可選擇採用個別申報或夫妻合併申報；夫妻的薪資也可以自行決定分開或合併計稅；子女年滿二十歲或在畢業年度也可選擇單獨申報或與父母合併申報，宜審慎選擇最有利的申報方式。因此，打算在年底結婚的準新人，不妨將婚期延至明年初，即可多享受一年適用分開申報的權利，從而節省若干稅金呢？

二、節省要事先作好規劃

如果你有大批財產想留給子女，要事先規劃，才能規避鉅額的遺產稅及贈與稅，可利用每人每年 100 萬元贈與免稅的規定，將財產分年移轉給子女。如此則須提早就作規劃，免得到了晚年才要轉移遺產而被課遺產稅，稅法規定的贈與稅申報期限為贈與行為發生後 30 日內，因此，可在年底前贈與子女 100 萬元，明年初再贈與子女 100 萬元，可以在明年初規定的申報期限內一起向國稅局申報一次贈與稅免稅證明者。再者，土地增值稅一生一次的自用住宅優惠稅率的享用，由於是「一生一次」，而非「一生一處」，所以，土地所有人可以一次同時出售多處自用住宅（但都市土地面積不得超到三公畝，非都市土地不得超過七公畝），所以，如要運用自用住宅優惠稅率必須將土地移轉日期作在同一天，亦即指買賣房地產公契上的出售日期必須相同，且在同一天申報移轉現值，才能發揮最大的節稅功能。

三、保留收據或證明文件

平時就應該保存醫療、捐贈、人身保險或房屋填修、地價稅、房屋稅等單據,一則可增加扣除額,二則可以很清楚的了解一年內整體財務的結構。在扶養人口方面,多增加扶養額可增加免稅額,保存收據則可多增加列舉扣除額,並可降低累進稅率,而使自己的稅賦降低。

四、向稅捐機關申請儲蓄投資免扣證

在運用資金的過程中,很多人都沒有專款專用的習慣,有些人因為怕每年 3 月 31 日(現改為 5 月底申報)要補繳綜合所得稅造成經濟壓力過大,則要求所服務的單位在每個月的薪資中多代扣一些綜所稅。有些人因為擔心採用年繳保險費會加重負擔,而選擇以月繳的方式繳保險費,或是有些以利息為生的存款人,當利息超過 2 萬元時,銀行會預扣一成的利息所得稅額,不知運用儲蓄投資免扣證的方式達到節稅及延緩課稅的效果,實在可惜。

五、調整所得發生年度❶

調整所得發生年度將較具節稅效益,包括少報稅或延後報稅等方法。綜所稅是以收付實現為報稅原則,故避免同一年度所得過高而進行的調整。

---

❶民國 90 年 12 月,錢雜誌,第 182 期,p68~71。

1. 調整稿費、版權取得時間

依稅法規定，個人稿費、版稅、樂譜、作曲、編劇、漫畫及講演鐘點費收入，全年合計約 18 萬元內免稅。如果今年繳稅已超過 18 萬元免稅額度，則不妨與給付單位情商，延至明年初再課稅。

2. 調整出售房屋的過戶時點

如今年有出售房屋而尚未辦妥所有權移轉的投資人，則可視今、明兩年度所得稅額的多寡來調整房屋所有權的移轉年度。

如果出售的房屋發生虧損且保有契約、付款資料等原始交易憑證可以證明，而今年又有其他財產交易所得需要抵扣時，則可與買方協商將所有權調整至明年的稅額。

第二節　綜所稅的節稅技巧

綜合所得稅是指國家對個人在一定期間內（一年）之綜合所得淨額依累進稅率課徵之稅，由於稅率分為 6%、13%、21%、30%、40%，故所得高者，其稅賦相對也愈高；是符合量能課稅的租稅。

綜合所得稅是採「屬地主義」，在中華民國境內的來源所得才必須課稅，非中華民國來源所得則不予課稅。基於現行的稅制，故可以考慮將部分儲蓄存在國外的銀行，如境外金融或投資國外的共同基金、股市及房地產，這些所產生之投資收益不必併入綜合所得稅課

稅，但仍要考量當地的投資環境，有些國家是不允許所賺得的收益轉匯至其他國家，所以，須將投資國的法令了解透澈，才不致得不償失。現在兩岸關係非常密切，有些人的所得是來自於大陸地區，由於稅法的規定，必須合併於臺灣地區的來源所得申報，課徵綜合所得稅，但已在大陸繳的所得稅，可以在申報時繳付納稅證明，自應納稅額中扣抵，但扣抵的數額不得超過因加計大陸地區所得增加的應納稅額。

善用免稅所得，根據所得稅法第四條規定，有多項的所得是免納所得稅的，因為它不必併入綜合所得總額中，它與免稅額不同，免稅額是指稅法中規定之納稅義務人、配偶及受扶養親屬，每年報稅時每人都可以扣除一定款項的金額稱之。免稅額是隨著消費者物價指數上漲而作調整，由財政部公告。

善用免稅所得，可降低所得淨額，如個人因執行職務而死亡，其遺族依法令或規定領取之撫卹金或死亡補償，公營機構服務人員所領單一薪俸中，包括相當於實物配給及房租津貼部分。另外，只要不是以現金方式付給員工的房租或交通津貼、伙食津貼，也都不計入員工的課稅所得之內，員工可向受薪公司好好商討規劃一番。再者，如依法經營不對外營業消費合作社的盈餘，個人稿費、版稅、樂譜、作曲、編劇及演講之鐘點費收入，全年合計數以不超過18萬元為限，政府機關委託之學術團體辦理之各種考試及各級公私立學校辦理入學考試，發給辦理試務工作人員之工作費等，也都不計入課稅所得之內。

一、二維條碼申報[20]

　　財部如果改用二維條碼方式申報，電腦會主動選取最有利方式申報，二維條碼是一種可以讓電腦判讀的條碼，可以辨識申報書的序號及唯一性。二維條碼報稅手續非常方便，首先到各區國稅局與稽徵處索取新版的名片型二維條碼，再到網站上下載軟體，或直接索取免費光碟後，將二維條碼報稅軟體安裝在你的電腦上，然後依序輸入相關報稅資料如申報人、扶養親屬、收入、支出等之後，報稅軟體就會自動試算出最少的繳稅金額。等到試算完後，填入繳款書，將申報書用印表機列印出來，附上必要的相關證明文件後，再以掛號郵寄出或親自送交各地國稅局，最方便的方法當然是直接用電子掛號送出，也不必列印，如此就算完成報稅的手續了。不過要特別注意，採列舉扣除方式報稅的民眾，仍需附法令規定的其他證明文件。個人綜所稅的申報案中，夫妻報稅方式有三種，即將全部所得合併申報，以夫為納稅義務人，妻為配偶，並將妻的薪資分開計稅，合併申報；或以妻為納稅義務人，夫為配偶。

　　這類以人工申報的方式，其實可以改用二維條碼方式申報，電腦會自動計算採取最有利的方式報稅。夫妻中，夫是政商名流或高所得的企業家，為了怕報稅時因疏忽發生錯誤，形成漏稅會產生後遺症，因此，在報稅時，將特意選擇以妻為納稅義務人。將來若漏稅，國稅

---

[20]民國 91 年 1 月 7 日，工商時報，10 版，作者林文義：民國 90 年 3 月，錢雜誌，pp166~167。

局是以妻為補稅對象，較不會形成風波。同樣的情形，也有夫妻中，妻是高知名度的人物或企業家，在報稅時，特地選夫為納稅義務人的，對這類情形，國稅局實無權去改變夫妻報稅中的選擇。

　　夫妻申報案中，若發生漏稅，是以「納稅義務人」者，為補稅對象，若漏稅的金額超過五十萬元，且未補納，則會有限制出境的問題，若稅捐機關主動更正納稅人的申報方式，將可能引起法律糾紛。

二、網路報稅不必出門

　　是指用戶直接由個人電腦透過網際網路，利用個人存款帳號進行繳稅的作業。只要你在銀行申請可以在網路繳稅的帳戶及密碼，在電腦上裝上電子錢包，並且申請了GCA網路憑證，就可以直接在網路上繳稅了。

三、郵局電子掛號e付卡，輕鬆報稅

　　郵政總局與國稅局合作，推出「電子掛號報稅」服務，只要你有郵政存簿儲金及劃撥儲金就可利用這項服務。同時郵政總局在全省郵局發行「電子報稅 e 付卡」，每張面額為新臺幣 25 元，並附贈「2002 報稅光碟」。

　　電子掛號報稅更為簡單、方便，不同於網路報稅其便利性是民眾不需要申請電子認證，只需購買 25 元的「電子報稅e付卡」。國稅局收到報稅資料後，系統會傳回報稅成功的通知到納稅人電子信箱，在家即可輕鬆完成報稅手續。

四、三種報稅方式，試算後方知哪種最有利，薪資不分開計稅，最易溢繳稅款[21]

這三種申報方式，並沒有固定的原則，可以舉出那一種情形下，用何種方式申報最有利，必須經過試算。

舉例加以說明如下：

1. 這個綜合所得淨額，也就是夫妻報稅第一種申報方式，即全部所得合併申報所得淨額，再配合適用稅率就可計算出應納的稅額。

2. 第二種申報方式，以妻為納稅義務人，夫為配偶，將夫的薪資分開計稅，再合併申報。

3. 第三種方式，以夫為納稅義務人，妻為配偶，將妻的薪資分開計稅，再合併申報。

將三種方式應納稅額計算出來後，再加以比較：

夫妻及受扶養親屬全部所得總額	減 全部免稅額	減 全部扣除額	＝ 綜合所得淨額

---

[21] 臺北市國稅局。

一、全部合併申報

$$\boxed{綜合所得稅額} \times \boxed{稅率} - \boxed{累進差額} = \boxed{應納稅額} \longrightarrow ①$$

二、以妻為納稅義務人，夫為配偶，夫的薪資分開計稅

$$\boxed{夫的薪資} \times \boxed{夫的免稅額} - \boxed{夫的薪資特別扣除額} = \boxed{夫的薪資所得淨額}$$

$$\boxed{夫的薪資所得淨額} \times \boxed{稅率} - \boxed{累進差額} = \boxed{夫的薪資應繳稅額} \longrightarrow \boxed{A}$$

$$\boxed{綜合所得淨額} - \boxed{夫的薪資所得淨額} = \boxed{不含夫薪資的所得淨額}$$

$$\boxed{不含夫的薪資所得淨額} \times \boxed{稅率} - \boxed{累進差額} = \boxed{不含夫薪資的所得應繳淨額} \longrightarrow$$

$$\boxed{A} + \boxed{B} = \boxed{應納稅額} \longrightarrow ②$$

三、以夫為納稅義務人，妻為配偶，妻的薪資分開計稅

$$\boxed{妻的薪資} - \boxed{妻的免稅額} - \boxed{妻的薪資特別扣除額} = \boxed{妻的薪資所得淨額}$$

$$\boxed{妻的薪資所得淨額} \times \boxed{稅率} - \boxed{累進差額} = \boxed{妻的薪資應繳稅額} \longrightarrow \boxed{C}$$

第八章　節稅的技巧

$$綜合所得淨額 - 妻的薪資所得淨額 = 不含夫薪資的所得淨額$$

$$不含妻的薪資所得淨額 \times 稅率 - 累進差額 = 不含妻薪資的所得應繳淨額 \longrightarrow$$

$$\boxed{C} + \boxed{D} = 應納稅額 \longrightarrow ③$$

第三節　財產稅的節稅技巧

　　當納稅人持有土地或房屋，則必須繳納地價稅或房屋稅，買賣時，會有土地增值稅及契約等稅費；贈與時有贈與稅；財產移轉給子女時，會有遺產稅，同樣汽車有牌照稅，均屬於財產稅範圍。

一、地價稅及房屋稅

　　兩者均為財產稅，是針對財產在平時使用時課稅，前者是指以同一縣市內的土地申報地價總額採累進稅率課徵，因此，同一人不宜在同一縣市內有太多的土地，如此將以累進稅率課稅。在買賣時，除考慮土地增值稅及契約外，如土地欲在 9 月 15 日以前過戶者，最好能在買賣契約中明訂地價稅的分擔方式，因為地價稅的納稅基準日為每年 9 月 15 日，在 9 月 15 日擁有土地所有權人，必須負擔全年的地價稅。地價稅的自用住宅優惠稅率是以一整年計算，納稅人必須在 10 月 7 日前提出申請（土地所有權人與配偶及未成年扶養親屬，適用自用住宅優惠稅只能以一處為限）才能享受優惠稅率。後者是指房屋所有人在持有期間，依房屋的價值及使用用途課不同的稅率，由於營業用房屋

的稅率為 3%，比住家用之 1.38%高出甚多，所以，如果房屋曾經用於營業，如今已歇業或改成住家，應儘速申請變更用途，因為房屋稅的計算是依變更前後實際月份數來核計的。若是在該月十五日前，則當月可適用新稅率，反之則適用舊稅率，但高雄市一律以次月起算。

二、土地增值稅

土地增值稅是指在土地所有權移轉時，就土地的自然漲價部分，依累進稅率課徵的租稅。其稅率的計算以漲價倍數為基礎而實施的累進稅率，稅率為 40%、50%及 60%分別是漲價總額未達一倍部分，在一倍以上而未達二倍部分，漲價達二倍以上的部分。

由於土地增值稅是按漲價倍數累進課稅，故多次移轉可以墊高土地成本，將可節省稅賦。例如土地一塊，由 1,000 萬元上漲至 4,000 萬元時出售，其漲價總金額為 3,000 萬元，則前 1,000 萬元適用 40%稅率，第二個 1,000 萬元適用 50%稅率，第三個 1,000 萬元適用 60%稅率，因此，其應納稅額應為 15,000 萬元。

但若能在 1,000 萬元上漲 2,000 萬元時出售一次給親友，再利用同一公告地價期的空檔買回（不必繳交土地增值稅），俟漲至 4,000 萬元時出售，第一次出售因漲價倍數為一倍，土地增值稅為 4,000 萬元，第二次出售漲價倍數也是一倍（成本為 2,000 萬元×40%=8,000,000 元），二次出售所繳的土地增值稅不過 12,000 萬元，也少於 15,000 萬元，所以，如採多次買賣可減少土地增值稅，但也會增加一些如契約、監證費、代書費等費用，但如前例其金額如小於 300 萬元，仍是很划算的。故土地由 10 萬元漲成 50 萬元，其漲價倍數雖大，但使用優惠稅率，

第八章 節稅的技巧

節稅效果不見的大。

　　至於自用住宅優惠稅率是指土地所有權人於出售自用住宅用地時，可以申請以 10%的優惠稅率來課徵土地增值稅，自用住宅用地適用優惠稅率是 10%，必須符合下列的要件才能辦理：

　　1. 都市土地面積不得超過三公畝，非都市土地不得超過七公畝。
　　2.出售前一年內，未曾出租或供營業之用。
　　3.土地上建物須為土地所有權人、配偶或直系親屬所有，並在該地辦妥戶籍登記。

　　由於夫妻間房地產的贈與可以免繳納土地增值稅及贈與稅，因此，如果夫妻之間各有房地產要賣，可以先將欲出售之房地產移轉至同一人名下，再一併出售，如此，夫妻兩人均可以享用一生一次的自用住宅優惠稅率。如在未來要重購退稅，則最好不要申請自用住宅用地優惠稅率，而重購的優惠退稅，則每隔五年可以重複使用，不受次數限制。

三、贈與稅、遺產稅

　　一般人都以為每個人一年都有 100 萬元的免稅贈與，而夫妻之間的相互贈與則是全額免稅的，而每年 100 萬元的免稅贈與額是以贈與人為計算依據，或如果父親利用土地分年贈與，零星持分的方式贈與給所生的每一個子女，且贈與行為在發生後 30 天內，向稅徵機關申報，但父親每年的100 萬元超過上限，則仍會收到國稅局的補稅通知，

因為國稅局在贈與行為發生七年內，都有權利隨時查核，千萬不要以為國稅局案件那麼多，該不會查到我吧！所以最好及早利用每年每人100萬元的免稅贈與額，分年完成贈與行為，如果財產太多，而且時間又緊迫，則利用保險規劃或買賣移轉方式，以達成財產贈與或移轉的目的。因為保險中的理賠是免稅的，而不動產設定抵押借款時，可以減少資產的淨值，則抵押借款的金額轉向免稅的資產，則在計算贈與或遺產繼承之金額時，必須減去負債，則相對課徵金額也會比較少。

遺產稅是針對個人死亡後所遺留的財產而課稅，與贈與稅比較兩者均為累進稅制，若一年內有兩次以上的贈與，應將各項贈與額合併計算，另外，國外財產之贈與，若已依所在地的稅法繳納了贈與稅，也可檢據扣除。

父母將自己名下之不動產贈與子女，如果是12月31日與隔天1月1日各做100萬元的贈與，則兩者均可免稅，又夫妻是採分別財產制，名下各有自己的財產，則夫妻每年共有200萬元的贈與免稅額。所以，財產能平均分配在雙方名下，則可以加快財產移轉至子女身上的速度。

父母以自己名下的不動產贈與子女，亦可以考慮以持分方式贈與，只要每年不超過100萬元價值持分贈與，過了幾年，產權則可完全移轉了。父母為子女購買房地產，若其土地公告現值及房屋評定標準價格之和超過贈與免稅額（100萬或分別財產制之200萬）則可以將超過之金額以子女名義向銀行貸款，形成「附有負擔」之贈與。因為，贈與稅的扣除額，附有負擔時，由受贈人負擔的部分可以自贈與總額中扣除，至於日後，父母再以其每年的免稅贈與款代子女繳付銀行利息，亦可同樣達到免納贈與稅的目的。再者，移轉所發生的土地

增值稅、契稅及監證費等，如果是由受贈人負擔，可視為附有負擔的捐贈，則可以檢據單據自贈與稅額中扣除，以減少贈與稅負擔。

重度殘障者的父親死亡，遺產總額可扣除殘障特別扣除額五百萬元，依遺產及贈與稅法第 17 條第 1 項第四款的規定，被繼承人遺有配偶、直系血親卑親屬或父母中，如領有殘障福利法第 3 條規定的重度以上殘障手冊者，或精神衛生法第 5 條第 2 項規定的病人，每人得再加扣殘障特別扣除額五百萬元。以上所謂重度殘障的認定以合於中央主管機關所定等級，並領有殘障手冊者為範圍。

再者，境外的遺產，是否要課遺產稅？根據遺產及贈與稅法第 1 條規定：「凡經常居住中華民國境內之中華民國國民死亡時遺有財產者，應就其在中華民國境內境外全部遺產，依本法規定，課徵遺產稅。經常居住中華民國境外之中華民國國民，及非中華民國國民，死亡時在中華民國境內遺有財產者，應就其在中華民國境內之遺產，依本法規定，課徵遺產稅。」

所以，居住在中華民國境內的國民死亡時，其國外的遺產，應課徵遺產稅。非中華民國國民，則只就其在中華民國境內的遺產，課徵遺產稅。

某甲為華僑，五年前已放棄中華民國國籍，國內有投資但無住所，經常往返國內、外。某甲因不幸飛機失事死亡，則甲不是中華民國國民，只須針對其境內全部財產課徵遺產稅，但如果某甲是在死亡的前二年內，才自願喪失中華民國國籍，在中華民國境內有住所者，或無住所而有居所，且在死亡境內居留時間合計逾三百六十五天者，則依中華民國國民的規定，境內、外所有財產均要課徵遺產稅。

但是，指定保險受益人所領的巨額保險金，依照保險法和遺產及贈與稅法的規定，被繼承人死亡時，給付受益人的人壽保險金額，不計入遺產稅額。如果在死亡保險契約未指定受益人，其保險金額必須作為被保險人的遺產。

中華民國贈與稅的課徵對象，係採屬人及屬地主義。凡經常居住中華民國境內國民，就其中華民國「境內」或「境外」的財產為贈與者，即應依法課徵贈與稅。

如果是經常居住在中華民國境外的中華民國國民，及非中華民國國民，只就其在中華民國「境內」的財產為贈與者，才要課徵贈與稅，所以，某乙是經常居住在中華民國境外的國民，他將他在國外的存款美金 100,000 元，贈與給國內的姪子，依據現行稅法的規定，是不用課徵贈與稅的。

四、受災戶稅捐抵減，記得申報[22]

在所得稅方面的災害損失抵減方面，凡是損失金額在 15 萬元以內者，都可以免勘查，受災後 30 天內直接向國稅局申請災害損失證明。可以列報災害損失的項目，包括被土埋的房屋、泡水家具、家電、汽機車等，現場尚未清理者，可以直接請國稅局人員到現場勘驗，如果等不及要趕快清理的話，可以拍照存證。房屋因淹水、土埋，無法居住或使用者，可以申請減免房屋稅，最少可以減徵一個月左右的房屋稅，如果復原期間超過一個月者，則可以視無法居住或使用的期間，

[22]黃小珍，民國 90 年 10 月 3 日，經濟日報 42 版。

第八章　節稅的技巧

減免房屋稅。減免的幅度，則視受損情況，如果毀損面積占整棟面積的五成以上，可以全免房屋稅，毀損面積在三成以上、五成以下者，房屋稅可以減半。泡水的汽機車，如果要報廢，也要記得向稅捐處申請免繳汽機車牌照稅，免得汽機車不能用了，還要無端繳稅。

五、扶養其他親屬宜辦妥同一戶籍登記❷

原本稅法規定納稅人扶養姪伯、甥舅等非直系親屬時，須與納稅人或配偶為同一戶籍才可認定，這項規定最近遭到大法官會議解釋認為是違憲，今後納稅人只要確有扶養無謀生能力親屬的事實，即使兩者不在同一戶籍內，仍可減除免稅額。

實際上，如何證明有扶養事實，比較容易有爭議，最保險的做法還是在十二月底前將戶籍遷在一起，或是平日儘量做好銀行的資金往來紀錄，否則就得向里長申請扶養證明了。

六、醫藥及生育費是無金額限制的

除了平日的看診掛號號費用外，還包括因身體殘障所裝配的助聽器、義肢、輪椅等各項支出，可以憑醫師出具的診斷證明與統一發票或收據，全數列報扣除。因牙病必須鑲牙、製作假牙或齒列矯正的醫療費及器材費，不含以美容為目的者，也可以憑醫師或院所出具的診斷證明及收據，列報扣除。亦可視今年的所得狀況以決定是否要在今年底前向醫院結算今年度所發生醫藥費或生育費，以列報今年扣抵之

理財與生活

---

❷民國 90 年 12 月，錢雜誌，第 182 期，p71。

醫療費用。如果今年所得總額太少，則可選擇以明年結算總醫藥費列
報。

9 不動產投資技巧

第一節　何謂不動產投資

　　不動產又稱房地產，它是一種投資標的。當國家安定、經濟繁榮時，國民所得增加，外匯存底大增，人民手頭均得富裕，房地產最具有投資的空間，從臺灣房地產發展的歷史來看，民國 75 年至 78 年止，是房地產的起飛階段（房屋貸款利率很低），當時股市逐漸飆漲，外匯由 USD＝NTD33 升值至 USD＝NTD27，到處欣欣向榮，但至民國 79 年開始，房地產開始一路走下坡，至目前為止，如果是購買自住型的投資必須支付沈動的貸款利息，以及房屋的折舊維修與地價稅，如果房地產價格未漲，其實也賠了。但是投資型的投資，則將形成「房地慘」了，不是面臨斷頭就是被銀行查封拍賣的命運了。

　　基於臺灣人民一直認為要有一個安定的家，不願以承租的方式租

賃，再者，以前如果是租賃方式也必須到法院去公證，才能在租稅上減免，但採自用住宅的貸款利息均可在扣除利息後，採列舉扣除額的方式列舉貸款利息，可以達到節稅的效果。但現今的稅法，已對租賃的承租人有適度的優惠稅率措施。

　　購買房地產必須要注意該項商品的特質與其市場的前瞻性，有所謂掌握資訊就是掌握成功。進而去審慎分析評估目前房地產其座落地點的風險與獲利性評估，其投資才有價值，它的特性不比股票、債券、共同基金、外匯、黃金，是屬於流動性很低的商品，一旦遇到國家情勢不安定或景氣低迷，想要承接不動產的投資人也不會太多，所以造成流動性的損失。

第二節　不動產的交易方式

　　不動產包涵了土地及地上物，其具有不可移動性，土地基於供需原則，具有不增性與不可分割性，另外投資房地產必須考慮區位因素、建築型式、周邊環境，具有不能完全複製性，在所有投資商品中是最具有異質性的商品，房地產對於自用住宅者而言具有消費與投資的性質。

　　買賣房地產時，在不了解資訊的情況下，最好能委託能信任，且有商譽公正的仲介公司或代書辦理相關事宜，其交易流程如下：如圖4 房地產交易流程：❷

---

❷黃建森等編著，空大，生活與理財，206 頁。

圖4　房地產交易流程圖

再者，在投資房地產時，必須抱著深思熟慮的規劃心態去處理，下列是其投資的幾個步驟：

一、決定投資策略

要注意自己本身的投資目標，生活理財觀，且將目前的資金作一SWOT 分析（strength,weakness, opportunity, threat, 簡稱SWOT），覺得時機已到，資金的規劃與策略，擬出初步可行的方案。

二、找尋各種投資資訊

尋找符合前項擬定初步的投資個案。具體化且規劃資金能力，再者，對當地的物價、地點，作一評估分析。

三、建立利潤、風險分析

可能造成的投資標的的未來利潤，如果轉賣，是否有投資客，其投資客還款能力的風險，房屋與土地的未來價值與風險評估。

四、與賣方協商買賣契約

在價格、交易條件、稅務規劃、其他附帶條件均一併說明。

五、市場分析

現行政治、法令條件、未來的投資潛力、目前房地產環境結構作一深入了解。

六、稅務規劃

考慮如果不是長期持有，在短期間買進、持有、賣出要負擔的稅賦有哪些。

七、進行個人現金流量表分析

將個人現金流量作一確實的評估與了解後，才決定最後的投資決策。

八、買賣契約交易方式

不同時期的稅賦必須考慮清楚，在買入不動產時須安排買進當期的稅賦與持有期間的稅賦與脫手時之稅賦。

10 法拍屋不動產投資技巧

第一節　法拍市場概況

　　法拍屋，顧名思義是法院的拍賣物。就是法院民事執行處進行對債務人的財產強制執行程序時，為滿足債權人的金錢債權，會將債務人的財產變現為現金，而用以清償債務人所積欠的債務。

　　根據最新統計，民國 89 年包括士林、臺北、板橋、桃園、新竹、臺中、彰化、臺南及高雄等全省九大地院法拍總案件，高達 19 萬 2 千餘件，總拍定金額為 951 億元，較民國 88 年增加 100 餘億元，凸顯國內不良債權在急遽加速中，尤其來自金融機構所潛藏的呆帳問題，不減反增，並有持續惡化跡象，當然無形中也間接促成法拍市場的活絡性。

　　同時資料顯示，平均每 3.16 拍次即可拍定，以一宗總價一千萬的

房屋，經三次拍賣後，價格約為市價的六四折，且就拍定總金額履創新高情形觀之，在當前景氣低迷，不動產交易量持續萎縮下，法拍市場並非「歹年冬」，反而呈相當榮景情形。

第二節　不動產拍賣作業程序

　　法拍屋資訊來源可從下列管道取得資訊：

一、執行法院公告欄（繁雜不易查閱，惟內容最具正確性）。

二、報紙廣告欄（散見各報紙，不易蒐集完整）。

三、司法院網站 http://www.judicial.gov.tw/index-jud.htm 中各地方法院網站（視各地方法院網站建構，完整性不一）。㉕

四、坊間專業法院拍賣刊物（資料較集中，但僅摘要收錄，仍須以執行法院公告內容為準）。表 15 為不動產拍賣的作業程序及表 16 為參與投標及拍定後作業流程。

㉕ http://www.judicial.gov.tw.

表 15　不動產拍賣的作業程序

表 16　參與投標及拍定後作業流程中

```
┌─────────────────────────┐
│ 1.投標人準備法院公告       │
│   定之保證金（註1）        │
│ 2.投標書及保證金封存       │
│   （註2）                 │
│ 3.身分證                  │
│ 4.委任狀（委託他人代      │
│   理時必須檢附）          │
└─────────────────────────┘
         於開標前
         投入標櫃
┌─────────────────────────┐
│ 投標價高於其他投標人       │
│ 高於最低拍賣價格者，       │
│ 當場由法官宣布得標        │
└─────────────────────────┘
┌─────────────────────────┐
│ 當場繳交保證金            │
└─────────────────────────┘
         得標後
         7日內
┌─────────────────────────┐
│ 繳交尾款（註3）           │
└─────────────────────────┘
```

約10天左右

```
┌─────────────────────────┐
│ 法院核發權利移轉證明       │
│ 並函請地政事務所塗銷       │
│ 封及抵押權登記            │
└─────────────────────────┘
```

```
┌─────────────────────┐      ┌─────────────────────┐
│ 向稅捐單位查註是      │      │ 申請法院點交         │
│ 欠繳工程受益費        │      └─────────────────────┘
└─────────────────────┘               約15天
                              ┌─────────────────────┐
┌─────────────────────┐      │ 法院發自動履行搬遷命予債│
│ 申報契稅             │      │ 務人（一個月內搬遷遷）  │
└─────────────────────┘      └─────────────────────┘
                                  如債務人未
                                  自動搬遷
┌─────────────────────┐      ┌─────────────────────┐
│ 向地政事務所          │      │ 申請法院強制執行點交   │
│ 申辦移轉登記          │      └─────────────────────┘
└─────────────────────┘               約15天
                              ┌─────────────────────┐
┌─────────────────────┐      │ 法院定期強制執行       │
│ 向銀行申辦貸款        │      └─────────────────────┘
└─────────────────────┘
```

至於投標時的保證金、投保書及尾款分述如下：

註1　保證金：原則以拍賣最低總價之二成計算，通常開立銀行為發票人之即期本票或
　　　　　　　劃線支票為之（仍須詳閱法院公告為準，因各地方法院要求不一）。

註2　投標書：應載明①投標人之姓名、年齡及住址；②願買之不動產；③願出之價額。

註3　尾款：投標總價扣除保證金後之餘額，支付方式同保證金必須一次付清。

第三節　投標人資格與投標時機

一、投標方式

投標人資格公告、內容皆有明確記載，茲分述如下：

1. 國民住宅應買人

拍賣政府興建之國民住宅，其應買人或承受人以具有購買國民住宅之資格者為限。

2. 外國人

外國人不得為土地法第 17 條所列各款土地之應買人或承受人。

3. 興辦工業人

(1)依促進產業升級條例編定之工業區，其應買人或承受人以興辦工業人為限。

(2)上開條例施行前，依獎勵投資條例編定並經開發之地區，其應買人或承受人以興辦工業人為限。

4. 耕地應買人

自農業發展條例於民國 89 年元月 26 日修正公布施行後，耕地應

買人不受農民身分限制（仍以自然人為限，法人須經特許），且可登記為共有，惟應注意再應買之耕地合計不得超過 20 公頃（含原有農地），否則取得行為無效，並不得為移轉登記。

除以上限制外，只要執行債務人、法院執行拍賣人員（法官、書記官及執達員）以外之人（自然人及法人）皆可參與投標。

二、投標時機

1. 投標人應先充分了解不動產的狀況（屋況、市場行情、投標標價以外應負擔的費用……等），設定投標總價，適時參與投標。

2. 依強制執行法第 91 條規定，倘債權人不願承受或無人應買，由執行法院酌減拍賣最低價額再行拍賣，酌減數額不得逾 20%，依現行法令可進行三次拍賣（即二次減價拍賣），仍無人應買時，應公告三個月期間受理應買（依第三次流標底價），上述期間得依債權人或債務人之聲請再行減價拍賣（即特別拍賣）。綜上所述，拍賣次數愈多，價格自然愈便宜，至於第幾拍應參與投標，並無定數，因法院所核定之第一次拍賣底價並非全然接近市價，故完全視投標人詳細評估後選擇參與投標之時機（尤其不須要在第一次就趕著去搶標）。

三、投標公告內容應注意事項

除以上投標人資格及投標時機外，仍有以下重點必須注意：

1. 拍賣之最低價額

投標人須詳閱公告內容之拍賣底價，如有數宗不動產合併拍賣

者，應注意投標總價是否高於法院所訂之最低總價。

2.房地產之狀況及有無點交之記載事項

依「辦理強制執行事件應行注意事項」第43項第(4)、(5)、(6)款規定，對於點不點交及設定負擔之狀況，均應公告。不動產權利簡單的說分為所有權與使用權，自法院拍賣之不動產必能順利辦理產權登記，取得所有權，惟是否能即時取得使用權，端視拍賣公告內容是否有點交之記載。

(1)點交的方式

拍賣之不動產，查封時為債務人或其占有輔助人占有者，應於拍賣公告載明拍定後可以點交。所謂點交，係指法院會依拍定人聲請強制債務人或占有人搬遷，依不動產現況點交予拍定人營業。

(2)不點交的方式

拍賣之不動產，如查封時為第三人占有（如出租等因素），依法不能點交者，則應詳載其占有原因及依法不能點交之事由。如有不點交之記載，未必全然無法同時取得使用權，常見情形如下：

①投標人事先與占有人取得協議同意自行搬遷，投標人只要將額外須支付費用列入成本，並控制於購屋預算內，自可參與投標且毋庸經過法院點交程序。

②不動產有出租情形，基於民法第425條「買賣不破租賃」之規定，其租約對拍定人仍然有效。上述之租賃關係，如果是發生在抵押權設定之後，而對抵押權有影響者，因有出租不點交，導致無人應買而價格下滑，民法866條規定「不動產所有人設

定抵押權於同一不動產上得設定地上權，及其他權利，但其抵押權不因此而受影響」，如影響到抵押權、排除租貸，法院得依抵押權人之聲請排除租賃後可以點交，實際上常見抵押權人向法院聲請排除租賃權情形，且排除後會另行公告再拍賣。

第四節　不動產拍定後應負擔之稅費

一、稅賦的負擔

不動產拍定後應負擔的稅費有土地增值稅、地價稅、房屋稅、契稅、工程受益費、因重劃積欠工程費用或差額地價、營業稅等，可直接從表列中與實務的情況中了解，應分擔之稅費說明如下：見表17法院拍定後應負擔稅賦。

表 17　法院拍定後負擔部分

項次	項　目	法院拍定後應負擔部分
1	土地增值稅	一、原則上，自拍賣價金中扣抵，不必另繳。 二、例外：抵押權不塗銷，價金不足繳土地增值稅，拍定人則需要補差額。
2	地價稅	一、被拍賣所有權人欠稅不必繳。 二、納稅義務基準日（9/15）前取得移轉證書，當年期由拍定人繳。
3	房屋稅	一、被拍賣所有權人欠稅不必繳。 二、拍定人自取得移轉證書日起按月計算繳稅。
4	契稅	可按拍定價或房屋評定價申報。
5	工程受益費	一、被拍賣所有權人欠繳已開徵工程受益費由拍定人代繳。 二、被拍賣所有權人欠繳已公告未開徵之工程受益費㈠提前繳；㈡承諾開徵時繳。
6	因重劃積欠工程費用或差額地價	土地登記簿謄本有記載，須繳清始能辦理產權登記。
7	營業稅	一、被拍賣所有權人為公司、法人營利事業組織時，按「建物」拍定價 5%營業稅由拍定人繳。 二、土地部分或所有權人為自然人，不必加 5%營業稅。

資料來源：作者整理

實際的情況說明如下：

　　1. 土地增值稅：自拍賣價金中扣繳，不必由拍定人另繳。

2. 地價稅：如非大面積土地，其金額可不予考慮。

3. 房屋稅：自取得權利移轉證明書後按月計算，符合使用者付費原則。

4. 契稅：依房屋評定價值×6%計算。

5. 工程受益費：可向稅捐單位查詢，惟實務上不多見。

二、投資法拍屋應注意事項

1. 法拍之不動產經向地政事務所申請登記簿謄本，發現該不動產已設定第一、二、三順位之抵押權，如向法院拍賣後，原屋主不足清償之債務如何處理？

依強制執行法第98條第三項規定：「存在不動產上之抵押權及其他優先受償權，因拍賣而消滅」，因此，投標人毋庸擔心原屋主不足清償之任何債務問題，可安心承買該不動產。

2. 數宗不動產分別標價合併時，當投標總價高於拍賣最低總價，惟其中一宗土地投標價格低於拍賣最低價格，是否為廢標？

依實務上須儘量避免，因少部分執行處法官未能熟諳法令，曾有當場宣布廢標之情形發生，徒增投標人困擾，惟依現行「辦理強制執行應行注意事項」第50項第1及2款規定，只要投標總價高於拍賣最低總價即為有效投標。

3. 得標後未依限期（7日內）繳交尾款，可否要求法院退還已繳交之保證金？

此時暫時無法退還保證金，依強制執行法第68條之2規定，拍定人未繳足價金者，執行法院應再拍賣，再拍賣時原拍定人不得應買，如再有第三人拍定之價金低於原拍賣價金及因再拍賣所生之費用，原拍定人應負擔其差額，舉例如下：

原拍定價額	500萬元（保證金100萬元）
再行拍定價額	450萬元

原拍定人應負擔之差額為150萬元，此時不僅無法退還保證金100萬元，甚至會被法院強制執行不足之50萬元，投標人於投標前必須審慎，千萬不要賠了夫人又折兵。

4. 拍賣最低總價為500萬元，如果自有資金只有200萬元，其餘向親友借調勉強湊足500萬元，不知拍定後該不動產可向銀行貸款額度為何？又約多久時間可償還親友之借款？

根據最新統計資料顯示，目前拍定價格約為市價之54%～80%間，因此通常銀行對一般法拍不動產約可抵押借貸為拍定價格之七成，又拍定之不動產如係該銀行所聲請執行查封、拍賣者（即原來抵押權人），甚至可借貸至八成；至於核貸時間，原則上自拍定人繳交尾款後45天左右應可順利核貸，惟投標人仍須注意法院核發權利移轉證明書時間，辦理產權登記並即時核送相關資料予銀行鑑估。

11 銀行新型衍生性金融商品

一、指數選擇權

　　指數選擇權商品是國內唯一能在網站上提供報價系統的，目前只有日盛——日盛證券與日盛期貨，也吸引不少投資人上網查詢，流量也較以前高出兩成。現貨指數選擇權於民國90年12月24日正式上線，首日的交易量就以倍數增加，故網路報價透過市場價格的透明化，更吸引投資人，最快在5秒內就可以獲得交易回報，不但有助於推動選擇權市場，更為股市可能開放的晚盤交易作周延準備。韓國是全球選擇權最大的市場，其寬頻普及率高，所以網路下單非常方便，隨處都可下單買賣選擇權，加上成本不高，形成韓國的全民運動。

1. 臺指選擇權是避險好管道 [26]

　　淡江大學財務系系主任暨臺灣期貨交易所董事林蒼祥指出，選擇權是一種權利，與股票、期貨是一種義務不同，它可看作是標的物為臺股指數的短期保單，只不過買賣雙方都是投資人，買方所享有的權利與賣方所承擔的義務是不對稱的。臺灣期貨交易所為降低投資人的流動性風險，提高市場效率，特別引進造市者制度，這是我國股市所沒有的，造市者仿如外匯指定銀行在外匯市場，銀樓在金飾市場所扮演熱絡總市場的角色。

　　臺指選擇權的合約為 $50 乘以指數，是臺指期貨合約大小的四分之一，合約規格小適合我國股市以散戶為主的特性，也符合我國認購權證發行四年以來，投資人偏好價外選擇權以小博大之投資習慣。投資人的交易成本，僅依權利金的千分之一‧二五課徵交易稅，以臺股指數 5,500 為例，如價外選擇權權利金約$6,000 計算之，每口交易稅少於$10，加上每口$300 至$600 的手續費，投資一口選擇權只要 6,000 多元，使一般小額投資人可在經濟許可的範圍內進行投資，頗符合我國投資人市場結構的特性。

　　林蒼祥表示，選擇權之訂價與避險為臺指的非線性函數遠複雜於期貨的線性函數，且選擇權的交易策略及委託下單方式也比股票期貨更多元化，另一方面，投資人及營業員對自己陌生的產品也不敢貿然投資，投資人應了解選擇權的投資比股票更複雜，股市中常戲言由猴

[26] 工商時報，91 年 1 月 25 日，作者莊永欽。

子選股與由專家選股獲利機會相近，但在選擇權市場，只有專家才是臺指選擇權市場真正的贏家。

2. 買方僅能於到期時行使權利[27]

莊文欽表示，交易標的為臺灣證券交易所發行量加權股價指數。臺指選擇權履約形態訂為歐式選擇權，亦即選擇權買方僅能於到期時行使權利，以避免賣方因隨時可能被要求履約，而導致操作策略受限。其契約乘數規劃為每點 50 元，換算契約價值以 4,000 點計，每張約 20 萬元，屬於小型契約，有利一般投資人操作。

在契約序列方面，考慮我國股票市場波動幅度較大，為使掛牌契約涵蓋標的指數，新月份掛牌時共推出五個序列（一個價平，價內、價外各二），而當指數收盤價達到最高或最低履約價格時，次日即依序推出新的序列，並以達到標的指數之外兩個契約為準。另為避免影響權利金過低或過高的契約成交，不同權利金級距宜採不同的報價單位，臺指選擇權以權利金 10、100 及 1,000 點為分界，訂定不同之最小報價單位，其報價單位與價格之比率約為 1%至 5%。

每日漲跌幅度限制部分，比照認購權證做法，以理論價格之最大漲跌點數為基準，將選擇權每日最大漲跌點數訂為標的指數 7%。為考量市場初始建制，市場規模及制度機制運作之安全性。初期以自然人 600 口、法人 2,000 口為部位限制，未來再視市場情況調整。另外為配合臺股期貨，臺指選擇權的最後交易日亦訂於每月的第三個星期三，

[27]工商時報，91 年 1 月 25 日，作者莊永欽。

到期日則訂為最後交易日之次一營業日。由於臺股選擇標的為股價指數，無法以實際成分股交割，故採現金交割，亦即以到期日之結算價格（現貨價格）與履約價格之差額進行結算。

二、利率交換

投資人也可以把「利率交換」（Interest Rate Swaps）當作一種交易工具來獲取利潤。利率交換通常是公司法人與交易商（Swap Dealer）所簽訂的一種契約。參與利率交換雙方約定依據某一固定本金計算、交換，其應計利息。自從利率交換業務問世之後，情況就完全改觀。投資人或廠商可以依據對利率未來走勢的看法，利用利率交換來調整其利率計算的形態以規避利率風險。另外，利息計算形態可分為固定利率及浮動利率，通常浮動利率的高低會根據經濟情勢的演變而調整。利率交換是一個規避利率風險的最佳工具。由於利率交換是屬於OTC的交易，因此在實際交易之前，公司董事會必須先通過相關決議。

三、認購權證操作分析致勝三部曲[28]

少數權證波段操作者才是股市波段的最大贏家，然而對於未接觸過權證操作之投資人而言，短期間必定有其進入障礙。如何掌握操作分析的基本要領，權證操作分析要點有三：

1. 標的股價研判。

理財與生活

---

[28] 寶來證券權證投資網（www.warrantnet.com.tw）。

2.槓桿作用（風險程度）大小。

3.權證價格合理性。

　　在定位為槓桿投資操作之前提下，任何衍生性金融商品的操作，其成敗有八分取決於標的物價格的後勢的研判，槓桿作用（風險程度）大小的考量，則事關事後操作效率之高低，在可資運用的所有替代性工具中（現股、融資、權證），選擇具較高度槓桿效果者進行介入，就現行臺灣融資交易制度的角度而言，對於權證之槓桿倍數要求最起碼應有 2.5 倍，否則融資買進標的股票則不具重要性，且部分權證尚存在著流動性不佳的問題。藉由券商提供之行情資訊來取得資訊，即以「隱含波動率」作為判定的指標，隱含波動率較高者可能暗示權證價格有高估之嫌，反之亦然。除考慮其履約價、到期日差異外，亦應以波動率相對較低者為權證選取投資之標準，以免落入賺了股價，賠了波動率之窘境。

　　在多數情況下，前述三個要點應為交叉分析的運用，例如：高估之權證價格自然在某種程度降低其槓桿作用；在預期標的股價短線有機會創造可觀漲幅的情形下，隱含波動率之容忍程度可稍作提高。此外，尚可藉由股價、時間二維之情境模擬，來決定是否買進權證、買進哪一檔權證、又在什情況要賣出？

四、萬通銀行紅不讓理財套餐[29]

　　「萬銀紅不讓理財套餐」是一種融合定期儲蓄存款、意外傷害保

---

[29]萬通銀行網站。

險、定時定額基金和休閒旅遊於一體的組合式理財商品，只要您辦理
「13個月期以上」定期儲蓄存款（限存本取息）55萬元以上，即送萬
通免年費信用卡金卡，而且隨金卡免費附送六個月的統一安聯人壽40
萬意外傷害險，此外，存款利息將被運用於定時定額基金投資，尚可
選擇以「每個月」或「每兩個月」投資一次4,000元以上，投資款項自
動由活儲帳戶扣繳，共有二百多種基金可供選擇，同時，在您的定存
期間內，申購或購買「美金」旅行支票，更可獲匯率減價5分優惠。
現在加入除享有以上優惠外，並可參加統一健康世界「馬上刮、馬上
中」刮刮樂活動，獎項多，每刮必中，心動要快喔！以下是「紅不讓
理財套餐」的五大優勢：

　　1. 穩健、安全送保險，只要參加萬銀「紅不讓」理財套餐，存
「13個月以上」之定期儲蓄存款55~100萬，即贈送統一安聯人壽40萬
意外保險，定存 100 萬以上（含）送 80 萬意外傷害險。讓您安心存
錢，保障人身安全。

　　2. 小錢立大功、免稅真輕鬆，若每月從存款利息，提撥4,000元投
資定時定額基金，因各基金績效表現不一，若連續投資10年，以年平
均15%之基金報酬率計算，10 年後基金價值高達 111 萬元，且享有海
外基金投資收益免稅優惠，讓您小錢變大錢。

　　3. 提供精選多種基金，理財零煩惱，您投資定時定額基金，將由
一群投資專家為您操盤，精選海內、外多種基金，以「平均成本法」
長期分批進場、攤平成本、分散風險，讓您理財免煩惱！

　　4. 贈送每年「一刷」終身免年費信用卡，凡參加萬銀「紅不讓」

理財套餐，就送萬通金卡，每年刷一次不限金額，即可免次年年費，並享高額旅遊平安保險、道路救援服務、刷卡抽獎等優惠。

5.旅行支票大減價，刮刮樂大獎等你拿，凡參加萬銀「紅不讓」理財套餐，於存款期間內申請美金旅行支票，享匯率減價 5 分優惠，並可參加統一健康世界提供的刮刮樂活動，有多項大獎及免費旅遊機會等您來拿！

五、保本投資商品[30]

富邦銀行於 2002 年 6 月 4 日推出看貶日圓的美元定存商品，其募集期間為 1 月 4 日至 9 日，最低定存金額為 10,000 美元，期間為 47 個月，除了提供 97%的定存本金保障外，若到期日時——5 月 10 日，美元兌日圓匯率超過 143 日圓時，投資人則可以獲得高達 20%的收益，只要美元兌日圓匯率達 137.2 日圓以上，就能完全保全並獲得 2%的收益。反之，屆時美元兌日圓匯率在 137.2 日圓以下，則投資年收益率僅有 0.2%，投資報酬率將低於一般美元定存。換言之，日圓貶值幅度愈大，則該商品的投資收益愈佳。反之，日圓若升值，則此商品也將有損失。

---

[30]富邦銀行網站。

第４篇

理財與生活

1 理財與目標的平衡

第一節　目標是成功的藍圖

　　目標是人們成功的藍圖，它可以協助我們分配過多的精力與資源，而走向短期的激勵方向，以及帶給未來長期努力的願景。理財與設定目標是有息息相關的，而在設定目標時，必須因時、因地、因人而異，以因應不同的情境而加以彈性調整。

一、設定理性目標（Rational Goals）

　　所謂理性目標，以SMART原則來設定，以達理性目標。「SMART」原則所代表的意義分別為 S 代表「Specific」（明確的）、M 代表「Measurable」（可衡量的）、A 代表「Attainable」（可達成的）、R 代表「Result Oriented」（結果導向）、T 代表「Time Specific」（特定的時

間）。

二、邊做邊設定目標（Mudding Through）

　　環境在變，理財在變，當然目標的方向則採邊做邊設定的方式，先小部分的起步，讓行動持續，直到情況明朗化時，則依照目標的進度前進。理財的面面觀，當情報消息太小，需要更多的時間去釐清議題時，則可用這種目標設定。

三、設定大方向的目標規劃

　　當未來的目標不是被很清楚、明確且理性定義時，則改以大方向及規劃領域去設定、訂定抽象的目標。

四、實現目標

　　有了目標規劃就是要去實現它，提醒自己，持續進行自我評估，以隨時激勵自己，真正完成目標。

第二節　不同類型投資人選擇不同類型定期定額

　　對於穩健型投資人而言，持股分散的全球型股票基金是定期定額投資的首選，因為全球股票基金波動風險低，而長期獲利穩健，且40年之長期平均報酬率達 15%，這類基金經理人會自動調節全球組合，投資人無須隨時觀察國際金融情勢，可免除轉換的麻煩與成本。對於

積極型投資人而言，則要注意美國股票型基金，或是海外科技類股基金的定期定額投資，美國股票型基金是屬於波動風險較低的單一國家型基金，最適合追求中長期穩健報酬率的投資人。

高齡的投資族，不能單單運用一體適用的策略，在以往較單純的年代，投資組合分配簡單，以 100 減掉年齡所得比率投資股市，其餘投資債券。但這種方法已不再適用。美林證券資深財務顧問寧澤爾（Arthur Ninzel）從來不按年齡來區別投資組合。如把投資人按年紀分門別類是模糊焦點，最重要的是要能掌握投資人投資的用途以及他們期待占收入的比重多少，其次才是風險忍受的程度。

第三節　運用兩稅合一節稅

我國自從民國 88 年度實施全部扣抵制之兩稅合一制度，所謂全部扣抵是指營利事業繳納之營利事業所得稅，准許全數自其業主、股東之綜合所得稅結算申報應納稅額中減除。兩稅合一係指營利事業所得稅與綜合所得稅兩稅合而為一。薪資所得除了可運用捐贈、保險費、醫療費及生育費、購屋借款利息等列舉扣除外，尚可利用兩稅合一之租稅規劃（tax planning）達到退稅的效果。

綜合所得稅之納稅人，尤其是薪資所得部分，兩稅合一不但是薪資所得者的福音，原本無任何合法節稅管道，現可因兩稅合一的實施，透過股票投資或操作，藉參加股票除息（ex-dividend）或除權（ex-right）來取得所配股利淨額之可扣抵稅額（creditable tax amount），獲得

營利事業所得稅自綜合所得稅結算申報應納額扣抵之利益；如規劃得當，尚可辦理退稅。

自民國88年1月1日起，股利已不適用儲蓄投資特別扣除額之規定，如取得公開發行並上市之記名股票的股利，已不適用所得稅法第18條第1項第2款第3目的規定。因為，公司股東所獲得分配之股利總額屬於營利所得，應按股利憑單所載的股利淨額與可扣抵稅額之合計數計算之，故在辦理綜合所得稅結算申報時，必須併入綜合所得稅總額課稅。

兩稅合一實施之後，營利事業須於分配盈餘時，設置股票可扣抵稅額帳戶。個人股東應將股利淨額連同扣抵稅額列報為股利總額，而此時當股東適用之邊際稅率高於營利事業所得稅稅率時，則需補稅；但若股東適用之邊際稅率低於營利事業所得稅稅率時，則可退稅。

促進產業升級條例，新增員工分紅配股改以股票面額，做為員工所得的課稅規定，雖解決了大部分的課稅問題，然而員工分紅與股東間，仍存在因課稅而產生的權益衝突。因為兩稅合一制度，公司員工分紅，是由稅後盈餘中，提撥一定比例，再辦理增資來分配給員工。所含的抵稅權，員工既無法享受，也無法交由股東抵減。在所得稅法中規定，依公司章程規定，分派董監事職工（即員工）紅利，所含的當年度已納營利事業所得稅額，必須自股東可扣抵稅額帳戶中扣除，也就是說，由盈餘中所提撥的員工紅利，其中隱含的營所稅，不得由股東享受。這項抵稅權，員工本身也無法享受，財政部認為，在兩稅合一下，是股東的投資所得，可以享受抵稅權，但員工分紅配股，並非投資所得，而是屬於薪資所得的一種，因此，員工無法享受這筆抵

稅權，員工分紅配股愈多，抵稅權損失愈多，當公司所訂的員工分紅
提撥的比例愈高，相對的，股東所損失的抵稅權，也就可能愈多。

2 退休理財與規劃

第一節　退休的生活與心理調適

　　退休雖然是從工作職場中暫時退隱，但卻是另一種生活階段的開始，只要心理與生活有適當的調適，忠於自己且忠於自己的興趣，則退休後，時間更寬裕，生活應更是愜意，在投資理財上有適度的投資，閒暇時當志工，與年輕人為伴，其實銀髮族也會過得很充實。

　　銀髮族在職場上忙碌了一輩子，退休後應是享清福，含飴弄孫的時候。所以，退休後的理財隨著年齡的增加，對於金錢的態度應該愈保守，考量風險的存在，夫妻兩人的退休金能足以讓自己「無後顧之憂」的過退休生活。

　　退休後的理財方法顯然因人而異，有人已累積相當財富；有人在退休後仍需負擔子女龐大的教育與生活費；有人卻可受子女奉養。退

休後生活若失去重心，漫漫長日真是難熬，因此，在年輕時就必須培養生活的興趣，不論是從事心智或是體力的活動。適度的運動或出國旅遊，享受生活，都是退休後打發時間、充實生活的好方法，下列為退休後的理財規劃。

　　王先生在55歲退休，看起來很年輕，在累積足夠的退休金後，便與夫人開始享受退休生活。退休的生活就是開始閱讀大量書籍，寫寫書法，到公園與二、三個知心的好友下棋打牌，生活看似平淡，但王先生在年輕時就努力置產，擁有多棟的房地產，目前在房租收入方面則有150萬，還有股息收入，而每月夫妻的生活費支出只要3萬元，生活在簡單中也算富裕。

第二節　如何領退休金划算

　　退休理財規劃是為退休人員而進行的理財規劃，而不是即將退休或甚至已退休再來進行規劃。因此，對於即將退休的人而言，進行退休規劃已經無太大的助益，充其量僅能去了解他目前的財務狀況及被動地進行節流工作罷了！

　　由於面對一個充滿動態且不確定的大環境，如何領退休金，什麼時候作退休理財規劃？因為我們無法精確地對各種未知的狀況作通盤的預測與掌握，所以，愈早愈好，金錢確實有時間價值存在，起步愈早愈可以小力博大利。善用貨幣的時間價值，起步愈早愈可創造財富。

理財與生活

一、月領退休金或一次領退休金

軍公教機構在人員屆滿服務年限退休時，會發給一筆退休金，部分退休金在領取時，可用較優惠的利率存入銀行，對於不擅理財的人而言，分年領取是最佳選擇；而對於有理財能力者，可以選擇一次領回進行投資。

因為月領退休金即是「活得愈久，領得愈多」，這種方法就似國民年金、勞保退休年金相似，可以保障退休至身故前的生活保障。但如因不是公教人員，在工作單位沒有退休制度，或退休金領取的金額不夠將來退休後生活支出，則必須利用保險來規劃退休金，利用自助的方式，請保險規劃師依個人的財務狀況作規劃，一樣可達到退休金分年領取的目標。

有人認為採月領退休金方式，過於保守，只要有把握，配合理財專家的建議，進行風險規避、穩健的投資方式，也可以採一次領回退休金，轉向兼顧保本及獲利的投資組合上，例如可以將四成放在保本型的投資商品上，如定存，養老年金險，另外的六成放在穩健收益型的全球債券型基金，或是全球產業型基金，如醫療基金或高科技基金等。如此，不但可以分散投資風險，再者，國家的基金免稅，且長期報酬也較定存為高。就目前的利率走勢，成熟國家的經濟策略，利率水準均有逐年下跌的走勢，臺灣的經濟已趨成熟，且經濟成長幅度有逐年向下修正，故利率也一定會有同樣的現象，這是靠領利息為生的退休人員必須注意的管道。在定存利率持續走跌之時，儲蓄險正好可提供一個長期安定性高也有穩定利率的儲蓄，是很好的選擇。

第二章　退休理財與規劃

二、退休金準備的規劃

準備退休金的方法很多,選擇用什麼方法累積退休金,這與個人的投資個性、風險承受度、資本大小有關。對於理財個性保守者,可以利用定存或儲蓄險的方式逐年累積退休金,效率雖不高,卻是最保本的安全投資;對於理財個性積極者,則可以考慮將資本放在較積極型的理財工具上,及早規劃就能達到提早退休的計劃。例如每月應提撥多少作退休準備,對一個保守型的人而言,由於投資務必要把安全性列入首要考量條件,則不妨考慮把四成放在全球型債券、全球產業基金,則同時可以達到短期利率(定存)、長期利率(儲蓄險),以及固定投資,穩定回收的目的。故在風險可控制之下,達成儲備退休金的目標。但對於積極型的規劃者而言,在儲備退休金時,可以將四成金額放定存和儲蓄險,六成放在積極型的股票基金進行短波段操作,其相對風險較大,但存在的報酬率也較高。

三、新制勞退金解析

行政院於民國 90 年 12 月 26 日修正通過「勞退休金制度」草案,並送立法院審議,目前勞退新制改革重點分述如下:

1. 個人帳戶制:勞工在金融構構設立個人退休準備金專戶,在達成請領要件時,一次請領本金及收益。

2. 附加年金制:由監理會委託承辦之金融機構擔任保險人,勞工在達成請領要件時,終身定期請領年金。

　3.其他年金制：指其他可用勞工退休工作年資之計算，不受同一
事業單位限制，並分期領取退休年金之制度。

　在新制中工作年資為可攜帶式，不受轉換工作或事業單位關廠、
歇業的影響，均可領得退休金，再者，雇主若資遣、解僱勞工，除已
提撥之退休準備金外（無法收回），尚需支付資遣費，對雇主不利。
新制所規劃個人帳戶、附加年金及其他可攜式年金制將三制併行。故
新制可避免雇主隨意資遣、解僱勞工，減少勞資爭議。新制提供選擇的
機會，勞工可就個人帳戶制或附加年金制擇一適用，以滿足個人需求。

　換言之，新制中，薪資較高者較可能選擇「個人帳戶制」。年齡
較輕者，即未來總工作年資較長者，選擇「附加年金制」較為有利。
新制有多種的選擇機會，卻使得參與附加年金之人數、人口組成和薪
資結構等充滿不確定性。附加年金制之提撥率已確定為第一年2%，第
二年4%，第三年起6%，但由於迄未精算，附加年金及可攜式年金制
度均須有相當規模的加入者，且符合保險的大數法則將可達危險分擔
效果。有學者建議，也唯有採行完全提存準備制，附加年金制才有可
能使政府不負擔財務的責任。

第三節　計算所需的退休金

　在現在經濟不景氣，年屆退休，幸運的人可以領到一筆優沃的退
休金，晚年生活則靠退休金過活，無憂無慮。但對大多人的人而言，

中年失業，沒了工作，少了收入，生活立即陷入窘境，故趁年輕時要未雨綢繆，及早規劃，在能維持現有生活品質的前提下，以每月所需的生活費加以推估，再以現值表折算，則可以算出一個簡單的退休金試算表見表18及表19。❶

表18　退休金準備試算表

目前年齡	退休至75歲所需金額（萬元）				退休至80歲所需金額（萬元）			
	50歲退休（25年）	55歲退休（20年）	60歲退休（15年）	65歲退休（10年）	50歲退休（30年）	55歲退休（25年）	60歲退休（20年）	65歲退休（15年）
30	542	503	437	338	650	542	503	437
31	526	488	424	328	631	526	488	424
32	511	474	412	318	613	511	474	412
33	496	460	400	309	595	496	460	400
34	481	446	388	300	578	481	446	388
35	467	433	377	291	561	467	433	377
36	454	421	366	283	545	454	421	366
37	441	409	355	275	529	441	409	355
38	428	397	345	267	513	428	397	345
39	415	385	335	259	498	415	385	335
40	403	374	325	251	484	403	374	325
41	391	363	316	244	470	391	363	316
42	380	352	306	237	456	380	352	306
43	369	342	298	230	443	369	342	298
44	358	332	289	223	430	358	332	289
45	348	323	280	217	417	348	323	280

❶江復明等編著，家庭財務管理與規劃，國立空中大學。

46	338	313	272	210	405	338	313	272
47	328	304	264	204	393	328	304	264
48	318	295	257	198	382	318	295	257
49	309	287	249	193	371	309	287	249
50	300	278	242	187	360	300	278	242

表 19　退休金每月需準備金額之試算表

目前年齡	需準備金額（萬）	每月需準備之金額（元）		
		6%	9%	12%
30	542	11,731	8,115	5,479
31	526	12,418	8,779	6,069
32	511	13,192	9,527	6,743
33	496	14,042	10,357	7,500
34	481	14,980	11,280	8,356
35	467	16,058	12,341	9,348
36	454	17,308	13,572	10,507
37	441	18,730	14,980	11,848
38	428	20,366	16,608	13,414
39	415	22,273	18,512	15,263
40	403	24,591	20,825	17,519
41	391	27,392	23,628	20,270
42	380	30,937	27,171	23,761
43	369	35,456	31,694	28,239
44	358	41,431	37,681	34,190
45	348	49,878	46,139	42,611

第二章　退休理財與規劃

　　如目前某甲年齡為 30 歲，預計要在 60 歲退休後，能活到 75 歲，則每月 1 萬元的生活費而言，每年 12 萬元的生活費水準，查表 14 則某甲要準備 437 萬元才夠。若每月要支出 2 萬元才足夠，則必須準備 874 萬元，顯示如果某甲想在 60 萬退休後到 75 歲之間的 15 年中，每個月享受 2 萬元的生活水準，現在要準備的錢要有 874 萬才足供所需。如此，對一個月薪水 3 萬元的人而言，每個月想存 1 萬元可能不難，但每個月想存 3 萬元，可能要不吃、不喝、不睡、不花費了。所以要把時間拉長，以年金終值的觀點看，如果王先生想在 50 歲退休，現在 30 歲的人要準備 542 萬，但以每年投資報酬率 9%的情況而言，每月只需投入 8,115 元，但 40 歲的人雖然只需 403 萬，但同樣是每年投資報酬率 9%之情況，每月則需投入 20,825 元，故可以看出當然還是愈早準備愈輕鬆了！

第四節　退休理財的步驟

　　退休理財的步驟包括：

1. 設定退休目標。
2. 蒐集及整理個人資產負債表每月的收支狀況。
3. 擬定退休前儲蓄及投資的計畫。
4. 回饋與修正。

理財與生活

一、設定退休目標❷

1. 日期要設定

第一是日期要設定，第二是金額要量化。日期要設定，指的是退休的日期要先設定，而退休後預期壽命（life expectancy）亦應先設定；金額要量化，指的是以實際數字來表示所有相關的目標，並考慮通貨膨脹的因素。根據內政部的資料顯示（網址：http：//www.moi.gov.tw/w3/stat/handbook/40/0.htm），在民國 80 年時，年齡 40 歲的男性，平均預期壽命為 34.63 歲。女性則為 38.53 歲。

2. 金額的量化

進行規劃時，必須把所有的收入、支出、財產、負債等資料予以估計並加以數量化。退休的規劃時間相當長，故再估計各種現金流量時，必須考慮貨幣時間的價值。

二、蒐集及整理個人資產負債即收支狀況

1. 個人資產負債狀況

進行規劃時，必須先對於本身的資產負債狀況進行了解，資產減去負債之後才是真正完全屬於自己的資產。

---

❷ 同註 1。

2.個人收支狀況

個人或家庭收支狀況部分，從個人或家庭收支表可以了解真實的收入狀況，不管是預估的或已實現的收支表。對預估的個人收支表而言，我們可以用以估算目前至退休時，或退休後至預期壽命到達為止，各年之收支預估，藉以了解退休前（後）的收支狀況，以方便計算退休時所需累積的儲蓄。

三、擬定退休前儲蓄/投資計畫

四、回饋／修正計畫

在回饋的過程中，我們可藉由檢視及評估第三個步驟中「擬定退休前儲蓄／投資」計畫的可能性，來決定計畫修正的狀況。應考慮進行退休規劃者的風險承擔能力。由於從事風險性較高的投資會有較高的預期報酬，但其風險也大。應儘量不要以這種「高風險投資來替換低風險投資」的方式來進行開源，而應該考慮用「副業」或「第二份工作」來增加收入會比較安全。另一種開源的方式是變賣「非儲蓄／投資性的固定資產」，例如變賣自用房地產。

3 快樂的生活與健康的規劃[3]

　　老年人的理財規劃，尤其是老年人作退休理財規劃時，就投資標的的投資部分一定要做好「資產配置」，才可以達到分散風險的目的。臺灣人口已進入老年化，國內退休福利相關措施尚未完備，但老化趨勢已形成，2000 年時全世界 65 歲以上人口及 15 歲以下幼齡人口，占總人口比分別為 8%及 31%；臺灣老年人口與幼齡人口的相對比則為 1：2.3，不僅高於全球平均水準，更與歐美國家的比率相當接近，人口老化趨勢相當明顯。這些幼齡人口長大成人後，每 2.3 勞動人口就須負擔一位退休人口的生活，肩負的的財務重擔並不輕。現今銀行定存利率又大幅滑落，房地產價格低迷不振，股市跌跌落，耗盡一生精力作育英才的投資人，退休後的日子，不應該是忙著自己跑號子交割，在人的壽命不斷延長的現代，應該要把寶貴時間和精力用在「健

---

❸民國 90 年 10 月 3 日，經濟日報 42 版。

康」的活動上，將理財交給專業經理人來運用。歐美退休金和政府基金的作法，就很值得我國參考。

第一節　生涯價值觀是需要學習的

一、生涯價值觀──敢捨棄、哪怕不景氣

　　將價值觀運用在生活中，24 小時將是如何運用，你可以將它變得很有意義，也可以變得很沒意義，完全在於自己決定，由自己自由的來決定喜愛，例如遭遇到討厭的人與工作能將他當作是一種磨鍊，就是價值觀的轉化。再者，生活優先順序的觀念，就是價值觀的表現，不用拿別人或世俗的價值觀來考量自己，在選擇換工作以追求美滿的婚姻時，雖然收入減少很多，但美滿的婚姻是他主要的價值觀，故在追求自我價值觀的過程中，必須自我管理也就是節制，要訓練節制自己的衝動與欲望，去做心中存在的價值觀而表現忍受內心的慾望，那實在是太痛苦了！又何必呢？但如果那價值觀能深深吸引我自己？那真是我追求的人生，節制自己去完成，也表示戰勝了自己，贏得自己價值觀的戰爭。以下介紹是特力公司稽核副理吳蓓蘭的生涯價值觀。

　　吳蓓蘭本身是學會計的，吳蓓蘭表示，他在工作歷程中發現，若只是單純做會計，每天只是在與數字打轉，但若是從事稽核工作，就會有很多機會了解整個公司的作業流程，甚至跟隨公司的高階主管參

與企業整體流程的改造工作，她經歷會計、倉管後，更加清楚了解自己對未來的工作定位，於是開始盤點轉型過程中所可能的專業不足與證照不足，因此，決定投入證照的考試，不僅透過補習的過程以充實專業知識，更重要的是可以以執照彌補自己在學歷上的不足。

一決定要取得 CIA（又稱國際內部稽核師）的執照，他的想法沒有得現職工作主管的認同，主管主觀的認為上班之餘的補習會影響工作，於是吳蓓蘭評估得失後決定離開自己服務近 10 年的公司，花 3 個月的時間進修並重新找工作。這就是價值觀的運用。當內心價值觀有衝突時，必須付出某些代價，就一定得優先選擇的策略，他下了很大的勇氣，因為對一個已婚婦女、又有小孩，要再另起爐灶，並不容易啊！但他仍為長遠前途考量，決定勇往直前，兩年後的今日，從結果看當時，因勇於放棄反而使今日獲得更多的結果，他不僅從一般上班族晉升為主管，更因勇於接受挑戰，使自己的職涯變得更為寬廣。

所以與其擔心自己何時會失業，倒不如反向思考，如何厚植實力爭取更好的工作機會，且確認自我定位與競爭優勢並隨時盤點能力的不足，只要有實力，又何必在乎一時的不景氣呢？

其實職場的變遷對於一個積極的人而言是有無限的機會，如吳蓓蘭小姐在面對困難時，也不時會激發出潛藏的韌性、解決問題的智慧和增進心理層面的高度成長。願意進修努力的人，一、二年內看不出成績，五、六年後就能分出高下。所以也不必怨嘆為什麼別人比自己有成就，因別人付出和努力，自己卻看不到。別人不給你機會，更該自己創造機會；當沒有人疼惜，自己更要疼惜自己。切不可處在風聲鶴唳的情境下，還在顧影自憐、自怨自艾，那只會更加速讓自己快速

出局。

二、理財就是理生活❹

瑞士銀行臺北分行助理副總裁劉臺芬，雖然挾有理財暢銷書作家的傲人成績，卻絕對不止是一個懂得投資理財的職場女強人而已，他以怎樣豐富多元的生活管理來富裕自己。管理好生活，自然能夠管理好財富。一個能夠規劃整理好自己生活的人，便能對自己的收入做最妥善的規劃，進而做出有利的致富投資。

1.讓生活過得更好，放假也要認真的生活

劉台芬「努力賺錢，讓自己過得更好」，所以是一個每週六、日都會自動自發出現在辦公室的工作狂；隨著工作上的突破以及階段性目標已逐步完成，「讓生活過得更好」成為體悟到生活不只是工作後，最重要的現階段目標，就是達到輕鬆快樂過生活的目標。旅行也是安排假期的重點，每年至少一次，多則三次，純粹以假期之名出國旅行，一方面休息，一方面探親訪友；短程到上海，長程遊歐、美，這樣的假期安排，讓劉台芬對於美國、歐洲以及上海的文化區隔，有著獨到的見解。

2.抽身事外，避開當局者迷的陷阱

工作或是生活中，各式各樣的壓力是難以完成避免的，劉台芬認

❹民國 90 年 11 月，錢雜誌，第 174 期，pp174~175。

為適度的壓力有力於督促自己完成目標；但若壓力已嚴重影響情緒及判斷力時，則應當儘速將自己抽身事外，用第三者客觀、冷靜的眼光重新檢視，看清局勢。將自己由情緒中抽身，以俯角看事情，便可以有宏觀的角度綜觀全局，自然不會在無關緊要的小節上斤斤計較，也就比較可能找到解決的方式。

3. 凡事多想一步，早一日成就自己

劉台芬期待自己凡事多想一步，早一日成就自己是很重要的。

第二節　健康、快樂與理財並重

一、爬樓梯有易健康

要鍛鍊腳力，還能消耗脂肪的最有容易的健康方法是爬樓梯，專家指出，爬十分鐘樓梯可消耗 250 大卡熱量，若每天爬十分鐘，一年將可瘦五公斤，這對想減肥瘦身的人來說，是不錯的點子。

1. 現代人太過忙碌，作息也不正常，外食自助餐、簡餐、快餐、速食店，但外食由於添加太多量的調味料或太油、太鹹、太辣，均造成長期使用者無形中增加了許多的熱量及添加物。在辦公室又長期活動受限，體能消耗少，汗腺排泄功能因長期冷氣因素而造成排汗減少，現代人又有吃消夜習慣，自然形成肥胖，為了健康著想，減肥形

成現代人的口頭禪，減肥找醫院當然白花花的銀子就得送給醫院了。讓自己激起改變肥胖的價值觀，現在就行動，有痛苦也值得。

2.少吃高脂肪的食物，發揮自己的節制力，戰勝嘴饞的幻想。

3.藉機多走動，不要坐在椅子上滑來滑去，一則不好看，二則沒達到健康效果。

4.提前一樓出電梯，用走的不搭電梯，以鍛鍊腳力。

5.車子停遠一點，強迫步行以消耗熱量。

6.中午休息時，動一動，看看風景曬曬太陽。常洗冷水澡，一則消耗熱量；二則鍛鍊心肺功能。

二、壓力、食物與健康

第三節　生活家的智慧❺

　　羅貫中在《三國演義》一書的卷首，寫下了一闋頗為令人深省的詞：

滾滾長江東逝水，浪花淘盡英雄。是非成敗轉成空，青山依舊在，幾度夕陽紅。白髮漁樵江渚上，慣看秋月春風。一壺濁酒喜相逢，古今多少事，都付笑談中。

　　面對著人生的起起落落，浮浮沉沉的歷史洪流，有歡笑、有悲

理財與生活

---

❺吳進安，生活的智慧，元照出版社。

哀、有成功、有失敗，在成敗之間、在得與失之間，不就正如滾滾的長江水直奔大海永不回。回首前塵，不禁令人深深感嘆，時不我予，青山原不為雪白頭而老去。歷史上的每個時期，都有一些不平凡的人物，他們創造了一些不平凡的事業，在那個時代環境中或許被評定為是失敗，或是不及格，但是歷經數千年，即如長江的浪花一樣，長江後浪推前浪，這些歷史人物能不被歷史淹沒，名留青史對後世發揮影響力者又有幾人？這就是人生的變化歷程，也是一個無可改變的事實。

　　但是有規劃的生活卻是可以掌握的唯一真實，這個當下是活活潑潑的存在，「活在當下」這句話，是非常莊嚴而神聖的，所謂「一鳥在手勝過百鳥在林」即是這個道理。

　　生活中我們經常人云亦云，心無定見，甚至我是個怎樣的人等等的問題，我們終其一生，可也沒曾仔細思考過，這樣的生活及日子有何意義，不是很可悲嗎？擁有正向自我概念的人，在待人處世上都能產生成功的經驗，他們從外界得到回饋，使得他們在個人生活或團體生活中更趨幸福和有效率，這類成功經驗提升了個人對自我的看法。

　　兵學上講「知己知彼，百戰百勝」確實不假，認識自我、了解自我、接納自我、活在當下是一個現代人所該有的自覺，不認識自己，怎知自己的優缺點，也就無從發揮自己長處進而能修補短處，亦不可能從中找到自己與他人不同的特性與競爭優勢。

　　用自我肯定、活出自我、活出豪氣、彩繪人生的態度來理財。在生活中常常可見一些雋永的詞句，無華麗的裝飾，或是艱澀難懂，但卻頗富趣味與哲理。僅以如下的十則現代生活小智慧，提供給讀者們參考，這些短文是處處可見，端看我們有沒有細細品味而已。

第三章　快樂的生活與健康的規劃

肚量大一點。嘴巴甜一點。行動快一點。效率高一點。腦筋
活一點。理由少一點。做事多一點。說話輕一點。微笑多一
點。脾氣好一點。

繃緊的人際關係,直接或間接的影響了我們的生活品質,如果我
們能靜默片刻,回想生活的種種,用心去俯聽如下的描述與聲音,當
有不同的感觸與體會。

當你發現:

愈來愈少的時間給自己
愈來愈多的時間給工作
愈來愈苦澀的笑容給家人
愈來愈緊張的情緒在工作
愈來愈多的努力在賺錢
愈來愈強的渴望想自由

卻換來:

愈來愈沉重的工作壓力
愈來愈無趣的平淡日子
愈來愈乏味的親密關係
愈來愈迷失的空虛自我
愈來愈強烈的感覺想逃避

愈來愈狹窄的藍天在臺北
還有，已經不在健康的身體
如果你發現生命的空間被擠壓得
喘不過氣來

請留下：

一點冥思的時間
一場心靈的饗宴
一朵玫瑰的美麗
一段思考的平靜
一些彈性的人生空間
一個未來的夢想色彩
一個留給自己的燦爛微笑

誠實的面對：

一個只有自己的約會
一個與自己的 meeting
一場與生命和自我的對談
一次探索自我的豐富之旅

你會發現：

自己其實在追求什麼
活著其實是多麼喜悅
愛人與被愛其實多麼幸福
人生的風景其實多麼美好

不同類型的人，理財就似生活的心情，以下是否與理財觀有不同的吻合呢？

心情——今天

A 型的人擔心明天怎麼過
B 型的人享有今天怎麼過
O 型的人看準今天怎麼過
AB 型的人看待今天明天都能過

心情——追求

追求 A 型要用纏功——以時間換空間
追求 B 型要用柔功——以靜制動
追求 O 型要用氣功——以退為進
追求 AB 型要用忍功——以其矛攻其盾

心情——做什麼

A 型的人——喜歡告訴喜歡的人它在做什麼

B 型的人——喜歡時才告訴別人他在做什麼

O 型的人——必要時會告訴所有人它在做什麼

AB型的人——你問他而他覺得有需要時，才會告訴你他在做
　　　　　　什麼

心情——潮流

A 型對潮流是孫悟空——到此一遊

B 型對潮流是你跑我追——永遠跟得上

O 型對潮流是有軌道——絕對不服輸

AB型對潮流是脫俗不敢——隨俗又不甘

心情——餐廳

A 型——喜歡走進同一家餐廳，點同樣的菜

B 型——喜歡選不同的餐廳，點不同的菜

O 型——喜歡上不同的餐廳，點同樣的菜

AB型——喜歡走進同一家餐廳，點不同的菜

心情——購物

A 型會採取——精挑細選，配合預算去買

B 型會採取——只要我喜歡，貴些又何妨

O 型會採取——現在不買，怕將來會後悔

AB 型會採取——買不買不急於一時，除非我喜歡

心情——武器

A 型的女人愛用（淚水）為武器

B 型的女人愛用（沈默）為武器

O 型的女人愛用（行動）為武器

AB 型的女人愛用（冷漠）為武器

心情——面子

面子對 A 型而言是尊嚴

面子對 B 型而言是價值

面子對 O 型而言是信心

面子對 AB 型而言是喜悅

心情——特質

A 型的特質是必須動之以情

理財與生活

B 型的特質是必須動之以理

O 型的特質是必須動之以利

AB 型的特質是必須動之以情，誘之以利

心情——包容

假如你能包容——

A 型的嘮叨瑣碎

B 型的變化無常

O 型的主觀霸道

AB 型的強詞奪理

～那麼吵架將可避免……

心情——書

如果血型像本書則——

A 型是章回小說

B 型是推理小說

O 型是武俠小說

AB 型是傳記小說

第三章　快樂的生活與健康的規劃

心情——鬧情緒

A 型鬧情緒時，要即時安撫
B 型鬧情緒時，要給時冷靜
O 型鬧情緒時，要過時檢討
AB 型鬧情緒時，要隨時淡化

心情——人際關係

A 型的忠誠
B 型的圓融
O 型的積極
AB 型的沈著

心情——原則

A 型的人太講原則，為原則而堅持原則
B 型的人不講原則，沒原則就是其原則
O 型的人愛講原則，但無永不變的原則
AB 型的人少講原則，原則中的原則也未必是原則

心情——困難啟口

A 型最困難啟口是（不）字——怕給對方難堪
B 型最困難啟口是（要）字——怕給自己負擔
O 型最困難啟口是（好）字——怕會沒完沒了
AB 型最困難啟口是（行）字——怕給自己為難

心情——最喜歡唱

A 型最喜歡唱——其實你不懂我的心
B 型最喜歡唱——只要我喜歡有什麼不可以
O 型最喜歡唱——愛拼才會贏
AB 型最喜歡唱——誰說我不在乎

理財就是打理生活、打理心情，您是否有對以上的看法有「心有戚戚焉」的感覺呢？

參考文獻

1. 經濟日報，非常經濟。

2. 錢雜誌，173 期，181 期，182 期，183 期，184 期。

3. 菲利普・麥格勞（Philip C. MeGraw）著，柯清心譯，活得聰明活得好，臺北，天下遠見，2000 年。

4. 王淑芬，投資學，臺北，華泰書局，1985 年。

5. 陳隆麒，當代財務管理，臺北，華泰書局，2000 年。

6. 楊基鴻，股市操作大全，臺北，產經日報，1994 年。

7. 謝劍平、蔡祖銘編譯，投資學，臺北，華泰書局，1995 年。

8. 周取寄，何謂證券投資分析，臺灣證券季刊，民國 73 年第 3 季，24~45 頁。

9. 江復明等編著，家庭財務管理與規劃，國立空中大學，90 年初版。

10. 黃建森等編著，生活與理財，國立空中大學，89 年初版。

11. 經濟日報，稅務理財相關報導。

12. 工商時報，理財攻略相關報導。

國家圖書館出版品預行編目資料

理財與生活／張麗娟編著.
--初版.--臺北市：五南，2002 [民91]
面；　公分
ISBN 978-957-11-2919-8（平裝）
1.理財　　2.投資
563　　　　　　　　　91010174

1FD5

理財與生活

作　　者 — 張麗娟

發 行 人 — 楊榮川

總 編 輯 — 王翠華

主　　編 — 張毓芬

責任編輯 — 林慧貞

出 版 者 — 五南圖書出版股份有限公司

地　　址：106台北市大安區和平東路二段339號4樓

電　　話：(02)2705-5066　傳　　真：(02)2706-6100

網　　址：http://www.wunan.com.tw

電子郵件：wunan@wunan.com.tw

劃撥帳號：01068953

戶　　名：五南圖書出版股份有限公司

台中市駐區辦公室/台中市中區中山路6號

電　　話：(04)2223-0891　傳　　真：(04)2223-3549

高雄市駐區辦公室/高雄市新興區中山一路290號

電　　話：(07)2358-702　傳　　真：(07)2350-236

法律顧問　林勝安律師事務所　林勝安律師

出版日期　2002年7月初版一刷
　　　　　2014年3月初版十一刷

定　　價　新臺幣280元